ちくま新書

カストロとフランコ
――冷戦期外交の舞台裏

細田晴子
Hosoda Haruko

カストロとフランコ——冷戦期外交の舞台裏【目次】

序章

三角関係——キューバ・スペイン・米国

†なぜ今「キューバ・スペイン関係」なのか

二〇一五年四月一〇、一一日にパナマで開催された米州首脳会議において、米国のバラク・オバマ大統領とキューバのラウル・カストロ首相・国家評議会議長が首脳会談を行った。これは世界的な大ニュースとなった。何しろ、一九六一年に米国・キューバ間の国交が断絶して以来、初めての首脳会談だったのだ。その後米国はキューバに対するテロ国家指定も解除し、双方の国で大使館が再開された。五四年ぶりに国交が回復されたのである。

キューバといえば、読者の皆さんは何を思い出されるだろうか。日本人にとってはまず、一九五九年のキューバ革命であり、フィデル・カストロ（一九二六～）であり、エルネスト・チェ・ゲバラ（一九二八～六七）だろう。戦中生まれからいわゆる団塊の世代にかけては、学生運動に身を投じつつ、キューバ革命とその後に熱い期待を持って眺めていた人も多いに違いない。筆者はかつて大学で、そうした世代の恩師からラテンアメリカ、キューバ現代史について教えを受けたが、その教えの中に垣間見えた革命後のキューバへの熱い思いが強く印象に残っている。

筆者は、二〇世紀末に外交官となり、スペインの外交官学校でキューバ人女性の外交官と一緒になった。その際カストロを「コマンダンテ（司令官）」と呼ぶ彼女から、飴色の表紙の、カストロの愛読するホセ・マルティ（詩人、キューバ独立運動の指導者）の詩集をプレゼントされた。これが、私とキューバとの「出会い」であった。

その後、筆者は在スペイン日本大使館で勤務し、中南米局長を務めた経験のある大使のもと、スペインでキューバ情報を集めて分析しているうちに、キューバと宗主国であったスペインの間には、非公式ネットワークが多く残っていることに気づいた。スペインからキューバを、スペイン人を通してキューバ人を見ていくうちに、日本－キューバ、あるいは米国－キューバといった二国間関係のみを見ていては、キューバを理解できないと強く実感するようになった。

やがて筆者は外交官を辞して、スペインの大学でスペイン現代史を研究するようになった。博士論文にはスペイン・キューバ関係を扱おうと思った。ところが、スペインでは、とくにフランコ期以降のキューバ、米国、モロッコに関係する外交文書は非公開だった。そのため先行研究がほとんどなかった。

その後渡米することとなり、指導教官からはテーマ変更を勧められ、渋々米西関係に変更したのであった。ところが米国で米西関係を研究するうちに、否が応でもスペイン・キューバ関係が浮かび上がってきた。また、スペインでは未公開の対キューバ関係文書も、米・キューバ関係という文脈で探すとはるかに多くの史料が得られ、キューバとスペインの関係は、戦後の国際政治秩序を理解するための一つの鍵であるといっそう強く思うようになった。このように私にとってキューバ・スペイン関係は、まさに世紀をまたいだテーマであった。

だが、普通の読者であれば当然疑問を持たれるだろう。第二次世界大戦後のスペインといえば、反共産主義のフランコ独裁体制であったはずだ。そのスペインと、社会主義革命を成し遂げたカストロ・キューバとの間に、そもそも関係などあったのだろうか、と。

ところが、スペインとキューバの関係は、ないどころか、非常に強固なものだった。まず、スペインは米国とは異なり、一九五九年のキューバ革命以降もキューバとの国交を一貫して維持してきた。

スペインとキューバは、いったいなぜ国交を維持し続けたのか。そこにはカストロとフランコの秘められた関係があるのだ。

†対照的な権力者の四つの共通項

フランシスコ・フランコ（一八九二〜一九七五）は、スペイン現代史を代表する人物である。スペイン内戦（一九三六〜三九）で、反乱軍の指導者として勝利したフランコは、第二次世界大戦後も長く独裁体制を敷き、一九七五年に亡くなるまで、政治的実権を握り続けた。そのため、フランコといえば時代遅れの独裁者というイメージが強いだろう。

だが、カストロとフランコは、秘められた四つの共通項で結びついていたのである。それは、①ふるさととしてのガリシア、②スペイン内戦とゲリラ戦、③反米主義と愛国心、④カトリック、である。
①のふるさととしてのガリシアとは、権威主義的・家長主義的なスペイン北部のガリシア地方から影響を受けたということである。カストロの父親およびフランコの出身地が同じガリシアだったのだ。同郷者としての共感・つながりが、スペイン－キューバの二国間関係に作用していくのである。
だが、ルーツが同じというだけでは、この二人の間の強い親近感を説明できない。そこで、②のスペイン内戦とゲリラ戦という共通項が注目される。フランコもカストロも反乱により政権の座に就くという共通の経歴を持っていた。フランコは、砂漠でモロッコ軍と戦闘を繰り広げた。またスペイン共和国政府に対する反乱軍を率いて戦い、スペイン内戦に勝利した。この内戦は第二次世界大戦・冷戦の前哨戦であり、カストロらのキューバにおけるゲリラ戦、キューバ革命に少なか

少年時代のフランコ（フランコ財団）

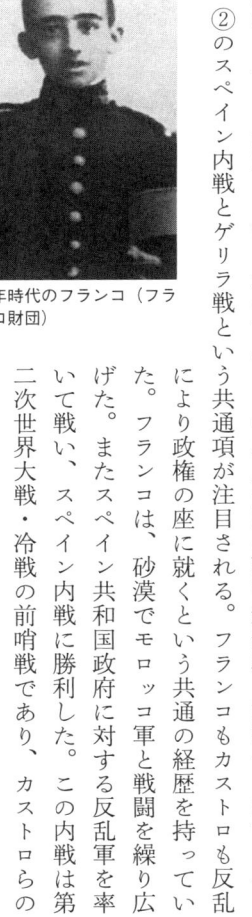

らぬ影響を与えていく。

またフランコは、ヴェトナムを独立へと導いたホー・チ・ミン（一八九〇～一九六九）の独立心・愛国心にも、親近感を抱いていた。

フランコの出身地、フェロールは古くからの軍港で、幼いフランコは一八九八年の米西戦争で敗北した軍人、破損した軍艦などを目の当たりにしていた。後にカストロは、キューバ革命によってスペインが米西戦争で喫した不名誉の敗北という汚名がすすがれたであろう、と述べている。カストロの反米主義と愛国心は有名だが、彼とフランコの間には③反米主義と愛国心という共通項もあったのである。

さらに両者の共通項④として、カトリックの影響が挙げられる。米国ではカトリック教徒は少数派だが、スペインにはもちろん共産党支配下のキューバにもカトリックの影響は根強く残っている。たとえばカストロは、キューバでスペイン人修道士によるイエズス会の教育を受けている。このカトリックこそが、キューバ・スペインの間の密かな紐帯として機能していくのである。冷戦期には、他の東側諸国がバチカンとは国交を持たなかった中、キューバだけがバチカンと国交を維持したのみならず、良好な関係を維持していくことになる。

これらの四つの共通項をもったカストロとフランコの指導するキューバ、スペイン両国は、冷戦期において、東西両陣営のいずれにも与《くみ》しないという（フランコ政権は米国と相互防衛協定、経済援助協定、基地貸与協定――以後米西協定――を締結し、西側陣営に取り込まれていたが、政権内には独自外交を支持する声も強かった）、第三の道を模索していくことになる。

†冷戦下キューバ・スペインの関係

しかし、冷戦下のキューバ・スペイン両国の関係は、リーダーたちの共感だけで維持できるほど平坦な道を歩んだわけではない。

たとえば、キューバ革命の翌一九六〇年、駐キューバ・スペイン大使が、テレビでフランコ政権を批判するカストロに激高して、テレビ局に乱入した事件があった。後にはスペイン人の文化広報担当参事官が、中央情報局（CIA）のスパイであると糾弾された。また、スペイン民主化後にも、着任前のスペイン人の大使が「ペルソナ・ノン・グラータ」（「好ましからざる人物」）を言い渡された。

スペインの外交官だけを挙げてもこれだけの問題が存在したが、キューバとスペインはそれでも国交断絶に至らなかった。その理由として、キューバにスペイン人の政治犯が多く存在し、その釈放問題が懸案となっていたこともあろう。さらにキューバには、スペイン内戦後、共和国政府側の人間も亡命していたことが、問題を複雑化していた。

また、従来ほとんど指摘されてこなかったが、貿易関係も両国にとって重要な懸案事項であった。一九世紀初頭以降、ラテンアメリカ諸国はスペインから独立したが、ラテンアメリカ最後の植民地キューバには、ガリシア人のみならずカタルーニャ人も多く移民していた。イギリスが奴隷貿易を廃止してからも労働力として黒人を使い続け、サトウキビの生産とそれを用いた砂糖の生産やその他の商業などで、カタルーニャ人は財をなした。建築家ガウディのパトロン、グエイ（グエル）家のように、帰国してカタルーニャ文化の後援者となる人々もいた。

このようにキューバとスペインの間には、貿易ルートが確実に形成されていたのである。しかし一九六〇年代、砂糖を生産する植民地を持たないスペインが国際価格の高騰を見越してつけた高値の五年間固定価格による先物取引は、皮肉にもその直後の市場価格下落によって、キューバに非常に有利な取引となった。キューバ唯一の輸出財であった砂糖と、スペインの船舶などが、バーター取引のようになったのである。

†キューバ・スペインに米国を加えた三角関係

そしてこのキューバ・スペインの二国間関係に米国が加わると、事態はいっそう複雑化する。冷戦期米国は、キューバの共産化がラテンアメリカ全体へ波及するのを危惧し、ラテンアメリカを自らの陣営に留め置こうと、キューバを除外して「進歩のための同盟」を形成するなど、さまざまな政策・手段を講じた。

それに対してスペイン・フランコ政権は、「スペイン性（イスパニダー）」の名の下に、キューバを含むラテンアメリカの元植民地を再度、文化帝国主義的な支配の下に置こうとした。第二次世界大戦後に国際社会から孤立したスペインは、歴史的につながりの深いラテンアメリカや中東諸国との絆を強調せざるを得なかったこともある。ここに、ラテンアメリカで米西二国が再び「対決」することとなった。

冷戦期、米国はソ連に対する地政学的重要性から、米西協定を結びスペインに基地を設置して支援を開始し、スペインを国際的孤立から救った。しかし、フランコ政権はそうした「救済者」である米国に対して、ドン・キホーテ的に無謀にも独自外交を展開しようとした。その独自外交の最たるものが対キューバ政策だったのであり、米国の圧力に屈せずにキューバとの関係を維持すると強く主張した。

米国とキューバは、一九六一年に国交を断絶した。しかしスペインは、米国の度重なる圧力にも屈せず、国交も維持し貿易も継続したのである。スペインの商業船が、過激なマイアミの亡命キューバ人によって沈没させられることもあった。それでも、スペイン・キューバ関係は揺るがなかった。

他方で、スペインはキューバ・米国の関係改善の仲介者たろうとしたこともあった。ラテンアメリカ最後の植民地キューバに、思い入れが深かったという理由もあるだろう。

フランコの死後にも、マイアミでは亡命キューバ人が中心となってスペインを巻き込み、政治亡命者に関連する騒動などを起こしてきた。しかしこのポスト・フランコ期のスペインの政治家・政治を見ると、むしろカストロとフランコの関係がいっそう明確になってくる。フランコ期の外交は彼の死後も影響力を持ち続けたのである。

たとえばアドルフォ・スアレス首相（任一九七六〜八一）は中道右派の立場をとりつつも、カストロの非同盟中立に深い理解を示しハバナを訪問したため、米国から疎まれた。その後社会労働党（PSOE）政権下の一九八六年にヨーロッパ共同体（EC）に加盟したスペインは、ECとラテンアメリカ、キューバとの懸け橋になろうと懸命であった。

このようにキューバとスペインの二国、そして米国も含めた三国の間には、深いつながりがあり、ドラマがあるのだ。

†アメリカ(米州)とスペインの間で揺れるキューバ

二〇一四年末、米国のオバマ大統領は、キューバとの国交正常化へ向けて交渉に入ると発表した。そのとき、スペイン語で「我々は皆、アメリカーノスである」（Todos somos americanos.）と言った。スペイン語ではアメリカといえば南北アメリカ大陸、米州のことである。そしてスペイン語のアメリカーノは、南北アメリカ人のことである。

我々はなぜ今、ここでスペインを通じてカストロを、そしてキューバを歴史的に見直そうとするのか。それは宗主国であったスペインという新たな軸を加えることで、より客観的な視点から複雑な国際関係を解きほぐし、単純化された世界史の視点を見直す一助になるだろうと筆者は考えるからである。

キューバ人はアメリカーノスなのか、それとも母なる祖国（マードレ・パトリア）＝スペインに属する存在なのか。あるいはそのどちらでもあるのか、そのどちらでもないのか。本書を通じて考えてみたい。

「スペイン帝国の方向性は、英国のように経済的でも、フランスのように政治的でもなく、宗教的兄弟愛に基づいた精神的なものであった」と言ったのは、歴史家・外交官・政治家のサルバドール・デ・マダリアーガ（彼もガリシアの出身）である。人々は、時に属する政治体制や経済的合理性だけを理由には動かない。

カストロは、必ずしもポスト・フランコ期のスペイン人政治家すべてと、このような精神的・友好的関係を有していたわけではない。だが、とくに反共産主義を標榜していたフランコと、社会主義を標榜する国家の指導者カストロが、お互いに親近感を抱いていた背景には、そうしたイデオロギーの違いを超えた「宗教的兄弟愛に基づいた精神的なもの」があったと考えるべきなのかもしれない。

†本書の視点

本書は、主に冷戦期の国際政治におけるカストロとフランコに注目し、現代史の流れにおける彼らの存在意義に光を当てるものである。

第一章では、カストロとフランコの生い立ちを対比して概観する。

第二章では、スペイン内戦からキューバ革命に至る過程を辿り、革命前後のキューバをめぐるスペイン、米国の政治家・外交官・ジャーナリストを中心とする人物模様を描く。

第三章では、キューバをめぐって革命前後から一九六〇年代前半に展開されたスペインの独自外交を、バチカンの動きも絡めつつ辿る。

第四章では、今度はキューバの側が世界に向かって展開した「国際主義」、独自外交路線および米国の対キューバ・対スペイン政策を中心に見ていく。

第五章では、一九六〇年代後半から七〇代前半にかけてのフランコ・スペインの大義ある外交と、その変質について検証する。

そして最後の第六章では、一九七五年のフランコの死後、スペインの民主化移行期とポスト冷戦期のキューバ・スペインの外交を見ていきたい。

これまでにも、カストロやキューバに関するさまざまな本が刊行されてきた。本書はそれらとは異なり、カストロとフランコの時代（キューバ革命前後からフランコ死去後の民主化移行期）を中心に分析して、キューバにおける「スペインの遺産」を強調するものである。当時スペインは、南北関係でいえば南側でもないが北側の先進国の中心とも言い難く、東西関係でいえば西側ではあるがそのコアメンバーではなかった。そういったスペインの視点を織り交ぜて分析すると、まったく新しい国際関係が見えてくることになる。

そこへさらに米国からの視点――大統領選や経済制裁（キューバから見れば経済封鎖）、マスコミ報道など――を加えれば、キューバ・スペイン・米国の三角関係を起点に、冷戦期の国際情勢に対する新たなパースペクティヴが広がってくるだろう。

カストロとフランコという二人を軸にしつつ、政治、経済そして精神的観点から、キューバ、スペイン、そして米国の関係を描き出す本書では、主に外交交渉を中心に追って、国際関係史を構築している。米国側の史料と、現在アクセスが不可能となってしまったスペイン側の史料（スペイン外務省の二〇世紀後半の史料は、整理・移動という名目のもと、閲覧が不可能な状況が三、四年続いている）を中心に、さらにはキューバ、バチカンなどの史料・報道を用いていることが特徴であると言えよう。それらを通じて、人が動かしてきた歴史、知られざる人間味あふれる外交舞台の裏側を描き出していきたい。

つまり現在の事実関係からだけではなく、その根底にある歴史的なものを通して、複眼的な歴史認識をもって俯瞰的に精査することにしたい。そうしてできた、縦糸と横糸の織りなす布——サマセット・モームの『人間の絆』に出てくるような絨毯——によって、新たな模様が浮かび上がるのではないだろうか。

第一章 対比列伝——正反対に見える二人の共通項

1　キューバ、スペインとガリシアの基礎知識

†スペインとキューバ、アメリカ(米州)の出会い

本章では、カストロとフランコの生い立ちを対比的に概観することにしたい。その前に、キューバ・スペイン・米国という三国関係の歴史的経緯を簡単に振り返るとともに、カストロとフランコの共通のルーツであるガリシアについても、基本的な知識を紹介しておきたい。

キューバ・スペイン・米国の三角関係の原点はどこにあるのだろうか。近年スペインでは、アメリカの「発見」と言わずアメリカとの「出会い」と言っている。まず、キューバとスペインとの出会いを見てみよう。

一四九二年、コロンブスはまず西インド諸島に達し、次にキューバへ到着した。そしてその後スペインは、アフリカ大陸沖にある自国のカナリアス諸島からサトウキビをキューバへと持ち込み、奴隷を労働力としたモノカルチャーを開始した。

先住民族たちが死亡して労働力が不足すると、スペインはアフリカ（とくに西アフリカ）から奴隷を連行してきた。奴隷貿易がピークに達した一九世紀前半には、キューバではアフリカ系キューバ人（黒人・混血のムラート）が白人の数を上回っていたほどで、さらに一九世紀後半には中国人が「契約労働者」として連行されている。現代のキューバ音楽は、ナイジェリアや西アフリカのヨルバ人による要素、チャルメラなどに見られるアジア系の要素などが、欧州移民からの要素と混淆してできたのである。

一方、輸出産業となった製糖業は、主に米国の市場に依存するようになった。そのため米国とスペインの間では関税をめぐって争いが絶えず、米国はキューバ併合の機会を虎視眈々と狙うようになった。

キューバにおけるスペインからの独立戦争に乗じて、米国共和党のウィリアム・マッキンリー大統領（任一八九七〜一九〇一）は、一八九八年、ハバナ湾に停泊中の米国の軍艦メイン号爆破・沈没事件を理由にスペインに対し宣戦布告し、これを破った。

なおこの米西戦争は、日本に意外な影響を与えることになった。海軍軍人・秋山真之が米国船側から視察していたのだ。スペイン艦隊の停泊するキューバ南東のサンティアゴ・デ・クーバ湾の入り口に、給炭船を沈めることで封鎖する戦いだった。この作戦は成功しなかったが、日露戦争の旅順港封鎖作戦のアイディアにつながった。さらにサンティアゴ・デ・クーバには、後の一九五三年、カストロが攻撃したモンカダ兵営がある。こちらも成功しなかったが、キューバ革命への導火線となった。

†保護国化と基地問題

米西戦争の結果、一八九八年のパリ条約によりキューバの名目上の独立が承認され、一九〇二年にキューバは独立する。しかし、今度は事実上米国の支配下に置かれることになった。戦後の米国大統領は、マッキンリーの暗殺後、四二歳で最年少大統領となったセオドア・ローズヴェルト（任一九〇一〜〇九）だった。彼はパナマ運河を建設し、ラテンアメリカに武力干渉を行うという、いわゆる棍棒外交で有名となった。

米国は独立したキューバに対し、憲法制定に際して修正条項、いわゆるプラット条項を押し付けていたが、内政干渉を行い、キューバを保護国化したのである。このプラット条項は、後にフランクリン・ローズヴェルト大統領（任一九三三〜四五）のもとで撤廃された。しかしキューバでは、その後もキューバ革命まで親米政権が続くことになる。

米西戦争後にはさらに、米国の占領軍撤退の見返りに、キューバ島南東部のグアンタナモ基地が事実上米国の領有となった。第二次世界大戦などでも米軍基地として大いに活用されることになった。この基地は、年間約四〇〇〇ドルの租借料を米国がキューバに支払う形で、現在に至るまで米国に貸与されている。

しかし、キューバ革命後半世紀以上にわたり、カストロ政権は租借料の受け取りを拒否している。二一世紀の現在に至ってようやく国交が回復されても、グアンタナモ基地の返却に関しては米・キューバ両国政府は合意を見ていない。二〇〇二年、米国ジョージ・W・ブッシュ大統領(任二〇〇一〜〇九)の時代にアフガニスタン紛争やイラク戦争時の捕虜が同基地に収容され、虐待が行われていたことも問題となった。

†ガリシアの風土・歴史

では次に、カストロの父とフランコの出身地であるスペインのガリシア地方(現在は州)が、どのようなところか見ていくことにしよう。

ガリシアはポルトガルの北部に位置し、この地方の入り組んだ海岸の地形(リアス)は日本の「リアス式海岸」の名称のもととなっている。スペインの中では降雨量も多いことから緑が多く、緑の苔むす石の建造物も多い。ローマが征服する以前はケルト民族もいたことがわかっており、その文化の名残がガイタというバグパイクなどに見られる。ちなみに「カストロ」と言えばスペイン北部やガリシアからポルトガルにかけて残る、ケルト人が石でかこった集落跡のことである。

スペイン全図（モロッコ沖にあるカナリアス諸島を除く）

最近は、一九九三年に世界遺産に登録された、サンティアゴ・デ・コンポステーラを終点とする巡礼の道を訪ねる日本人も少なくない。安倍晋三首相も、二〇一四年にこの地を訪問した。同地は、イベリア半島におけるイスラム教徒に対する国土回復運動のさなか、九世紀に聖ヤコブの墓が「発見」されて以降、ローマ・エルサレムと並ぶ三大キリスト教巡礼地となっている。また、この巡礼の道は、紀伊山地の熊野古道と姉妹古道である。

歴史人口学者エマニュエル・トッドによると、ガリシアからバルセロナを中心とするカタルーニャまでを含むスペイン北部のベルト地帯には、親子関係が権威主義的で兄弟関係が「不平等」な「直系家族」という類型が多く見られるという。中でもガリシアは、大土地所有が多い南部とは対照的に、小規模自作農で宗教実践が盛んという特徴を持つ。また山脈によってスペインの中央部とは隔てられ、交通の便も良くなかったため、閉鎖的なムラ社会であった。

以上のような風土・歴史を考えると、ガリシアには南部スペインとは異なる何か、「権威」「スピリチュアル」なものが存在するのかもしれない。

†月にもガリシア人?

スペイン語でガリシア人を示す「ガリェーゴ」という言葉は、アルゼンチン、コロンビア、ウルグアイなどでは、「スペイン」から来た移民一般をさす。「月にまでガリシア人がいる」と言われるほど、ラテンアメリカではガリシア人移民、その子孫が多いということである。

ガリシアは、スペインの中でも決して裕福な地方ではなかった。そこで多くの移民を排出することになった。一九世紀半ば以降、ラテンアメリカへと大量の移民がスペインから向かったが、このうち多くがガリシアからであった。一九世紀末までにはガリシアからの移民がスペイン移民全体の約三割(二〇〜二五万人)を占め、二〇世紀に入り世界恐慌の影響で移民が減少する一九三〇年頃までは四割（一〇〇万人超）を占めた。

では、スペインからキューバへ向かったのはどのような人々だったのだろうか。二〇世紀初めにおけるキューバへの移民の出身地は、やはり圧倒的にガリシアが多く、次いでカナリアス諸島が多かった。一九一五年には、キューバに移民したスペイン人のうち、四四パーセントがガリシア出身、二四・五パーセントがカナリアス諸島出身であった。そして米西戦争後スペインが北アフリカへ進出しようとした際に、北アフリカへの兵役を回避してキューバに逃亡する成年男子も含まれていた。

一九三一年には、キューバの人口全体に占めるスペイン生まれの人の割合は七・三パーセントであり、首都ハバナでは一二・三パーセントにのぼった。このうち、第一次、第二次産業に従事したのはガリシア人が多く、彼らは農村地域に居住した。ガリシア移民は働き者で、各国でコミュニティーを形成し助け合った。「ガリシア・センター（セントロ・ガリェーゴ）」は保守的で、「ガリシア会館（カサ・デ・ガリシア）」は、反ファシストの組織となった。一方、カタルーニャ・センターは、反フランコ、共和国派の組織となっていった。

カストロはこのようなガリシア人移民の息子であったが、他にもガリシア生まれの先祖を持つラテンアメリカの有名人は多い。政治家だけに限っても、一九世紀初頭にラテンアメリカの解放に尽くしたシモン・ボリバル（現在のベネズエラ生まれで、ガリシアの血とともにバスクの血も入っている）、アルゼンチンの元大統領ラウル・アルフォンシン（任一九八三〜八九）、同じく前大統領のクリスティーナ・フェルナンデス・デ・キルチネル（任二〇〇七〜一五）らが挙げられる。

一方、スペインでは、フランコ没後一九七五年以降、二〇一五年までの四〇年間でわずか六名の首相しか輩出していないが、うち二人がガリシアにルーツを持つ。レオポルド・カルボ・ソテーロ（任一九八一〜八二）は、生まれこそマドリードだが祖父母三名がガリシア人である。そしてマリアーノ・ラホイ前首相（任二〇一一〜一六）は、前述のサンティアゴ・デ・コンポステーラの出身である。

「階段にいるガリシア人は、上っているか下っているかわからない」と言われる。働き者だが、はっきりものを言わないから、何を考えているかわからない、ということだそうだ。このようなガリシアに生まれ育ったカストロの父親とフランコは、ガリシアから何を受け継いだのだろうか。

2　フィデル・カストロの中のスペイン

ではいよいよ、一九五九年のキューバ革命までのフィデル・カストロの生い立ちを、ガリシアと宗教、そして父アンヘルの経歴と絡めつつ簡単に見ていこう。

フィデル・カストロは一九二六年、キューバに生まれたが、その父アンヘル・カストロは、一八七五年、現在のガリシア州ルーゴ県の内陸部ランカラ村の貧しい農家で生まれた。フィデルの妹によれば、フィデルとアンヘルは、「きわめてガリシア人的という点でよく似ていた」そうである。

†父アンヘルとガリシア

アンヘルは、スペインに対するキューバの独立戦争でスペイン軍側で戦った後、キューバに定住するため、一八九九年に再渡航した。その頃（一九〇〇年）、約五二〇〇人を数えたガリシアのランカラ村の人口は、二〇一四年現在約二八〇〇人と半数近くに減っている。

アンヘルはキューバで無一文から財をなし、米国人とも仕事をし、前出のサンティア

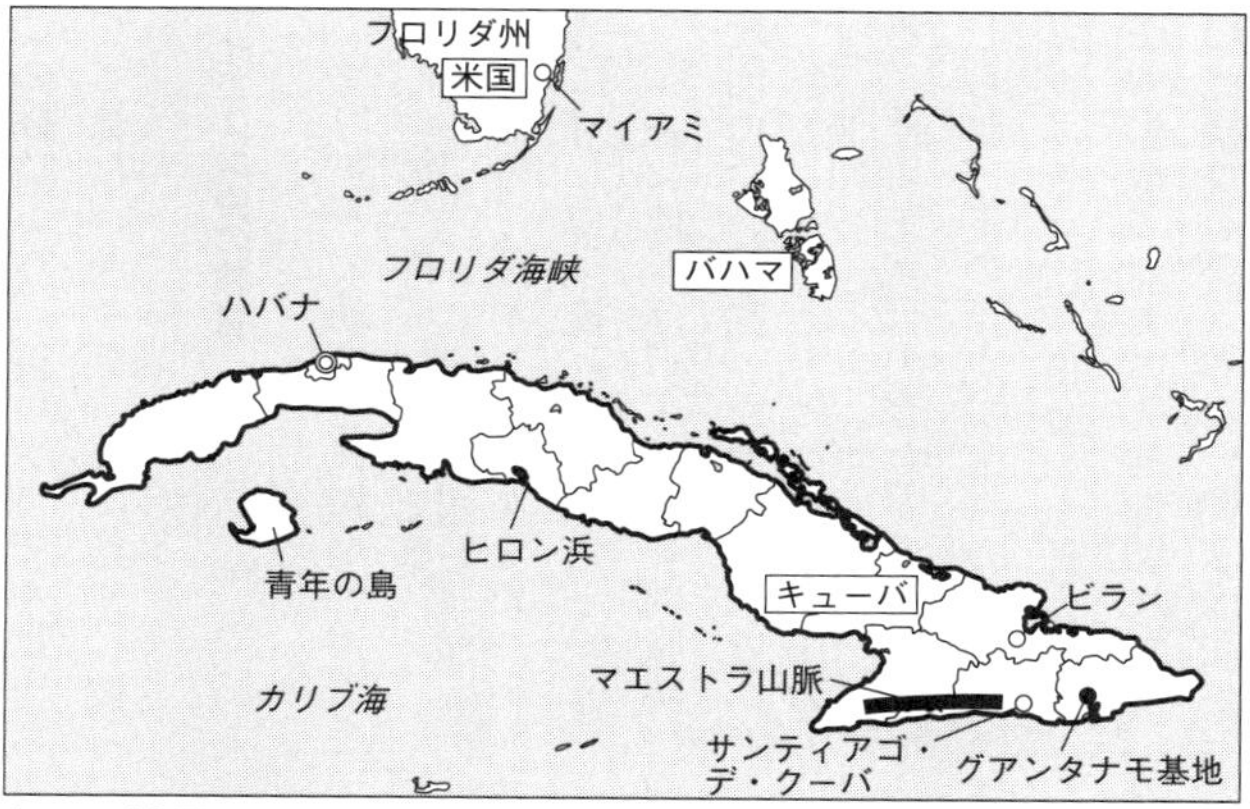

キューバ全図

ゴ・デ・クーバから内陸に入ったビランで、農場を経営する大地主となった。

後にフィデルと教会、革命をつなぐキーパーソンとなる、サンティアゴ・デ・クーバの大司教エンリケ・ペレス・セランテスもアンヘルと親交があり、よく家に立ち寄っていた。八歳まで洗礼を受けていなかったので「ユダヤ人」とからかわれていたフィデルを洗礼したのも、彼と言われる。ペレス・セランテスも一九〇一年、一七歳のときに、徴兵を逃れてガリシアからキューバに渡った一人であった。

一方、家政婦であったフィデルの母リナは、カナリアス諸島出身の先祖をもつ信心深い貧しい出自のキューバ人であった。アンヘルが正妻との離婚に手間取ったため、フィデルらは母屋に住めず里親のもとで辛い幼少時代を送った。

この経験から、後にフィデルは自らも「搾取の犠牲者」だと言っている。フィデルはこうして貧しい人々を間近に見て、彼らの悲惨な生活を何とか改善したいと思っていたのだ。

†イエズス会の教育

フィデルの幼少時代についてここでとくに強調したいのは、彼は幼少時イエズス会のラサール校、ドローレス校で学び、大学予科は同じくイエズス会のベレン校で学んだという点である。農村から出てきたフィデルは、都会のハバナにあるベレン校に通う金持ちの子弟に対して気後れしていたという。

ベレン校では、スペイン内戦時に衛生兵であったヨレンテ神父から話を聞いた。神父は政治について語ったわけではなかったが、犠牲的精神や気骨を示すような活動を少年たちに奨励した。この少年時代の山登り、探検・冒険の経験が後のゲリラ戦で役立つことになる。カストロは山登りが好きだというが、それは山の存在が自分に対する挑戦のように感じられ、その頂点に立ちたいと思えてくるからだという。

カストロは、自分の気性がスペイン人の（とくにベレン校の）イエズス会士たちによっても形成されたことを認めている。彼らは無報酬で勤務し、質素な生活を送り、厳格で、自己犠牲をいとわない働き者であったという。イエズス会の創設者、イグナティウス・ロヨラも元は軍人であったが、イエズス会の中には「軍人的な精神や軍隊組織」の伝統が見られ、学校ではそうした伝統とスペイン人気質とが結びついていた。

スペイン人のイエズス会士たちは、愛国心の推進者ではなかったが、個人の尊厳、名誉を重視していた。後にブラジルのドミニコ会修道士ベットとのインタビューにおいて、カストロは組織の厳格さ・規律・価値観・人格形成・ある種の正義感についても、イエズス会士が自分に影響を与えたと言っている。そして、殉教者も革命の英雄も、犠牲・無私の精神を持っており、これらの性質をもたない殉教者も革命の英雄もありえないと言う。

ただしカストロは、宗教家の姿勢に対して懐疑的なところもあった。後にカストロは、革命前には七割のキューバ人が住む田舎には教会がなく、あったのは裕福な地域に限られていたと証言した。宗教家の大部分が外国人――その大部分がスペイン人――であり、キューバで宗教は私立の学校を通じて広まったという。つまり、カトリックはエリートの中に浸透している宗教だったのだ。

スペイン第二共和国下では、政教分離・離婚・世俗婚が認められるなど、急激な脱宗教化・世俗化が行われ、バチカンとの関係も悪化した。スペインでは、宗教的なものが前面に押し出されすぎると、反動で自由主義政府や民衆によって教会・修道院の勢力に対抗する反教権主義の動きが出てくる。実際、イエズス会はスペインから追放されたこともあった。内戦中には聖職者の殺戮・教会の焼き打ちなども行われた。スペイン内戦では、カトリック勢力はフランコ側につくことになった。

一方、内戦後フランコ政権下では、若者は政権のプロパガンダのためにもスポーツによって鍛えられていたが、ナチス式とカトリックの伝統が合わさってまるで「半分修道士で、半分軍人」を育成しているようだったと言われる。そしてカトリックを国教としたフランコ政権は、影響力拡大のために、スペインもラテンアメリカも宗教（カトリック）に基づき、共通の言語・歴史を持っていることを強調した。

ベレン校の修道士たちは、スペイン内戦後キューバに渡った親フランコ派であった。ベレン校のアルベルト・デ・カストロ神父は、フランコ政権が掲げる「スペイン性」――スペインの言語・文化を共有する人々に見られる特性――を説いていた。そして「ラテンアメリカは社会改革を行わず、アングロサクソン的価値観がスペインの文化的影響力にとって代わったから挫折したのだ」と、生徒たちに説いていた。一方、ヨレンテ神父は、フィデルが自分以上にフランコ支持者だったとも言っている。

†カストロとフランコはファシストか？

カストロはスペインのファシスト党であるファランヘ党の創設者、ホセ・アントニオ・

プリモ・デ・リベーラの書物に興味を示していた――ハバナ大学の学友たちはそう証言している。ただし、これによりカストロをファシストと呼ぶべきではないと、ニューヨーク・タイムズ紙のジャーナリスト、タッド・シュルツは言っている。カストロやヨハネ・パウロ二世（一九九八年にキューバを訪問）に関する著書のあるシュルツは、ベニート・ムッソリーニが当初社会主義者だったことを指摘し、地中海の政治哲学では、極右と極左はポピュリスト的性格を有するので相互に似かよってくるのだと指摘している。

一方で、フランコ政権は、ファランヘ党のほか軍出身者・王党派・カトリック勢力、後にはカトリックの一派のオプス・デイ（「神の御業」）出身者を中心とするテクノクラートなども加わったさまざまな派閥の寄せ集まりであった。つまりムッソリーニほど大衆動員を行ったわけでも、政権内すべてがファシストであったわけでもなかった。フランコはファシストでもポピュリストでもなかった。

スペイン出身で米国の大学で教鞭をとっていた政治学者フアン・J・リンスは、このフランコ体制をアドルフ・ヒトラーやムッソリーニの政治体制と区別して「権威主義体制」と呼んだ。この用語は、ラテンアメリカの政治体制を示すものとして広く用いられるようになる。なお、後にカストロが使うように、相手を罵倒するときに「ファシスト」という言葉が使われることがある。

†名誉——スペイン人の原動力

イエズス会士たちが重視した「名誉」も、スペイン人およびスペイン系移民を考える際に重要なキーワードである。スペイン近世史家のバルトロメ・ベナサールの指摘によれば、すでに一三世紀スペインのカスティーリャ王国の「七部法典」に、個人の行動の動機としての名誉と、社会化された価値としての名誉という、二つの名誉の定義が明らかにされている。

また一五世紀の詩人であるホルヘ・マンリーケ（彼も軍人であった）は、人間の存在には三つの生命があると定義した。すなわち「肉体の死と共に終わるつかの間の生命、肉体的生命より永続し栄光に包まれた名声の生命、そして永遠の生命」である。日本では「水に流す」という言い回しがあるが、スペインでは「水は、悪い評判以外すべてを流す」である。これらを考慮すると、米西戦争での「不名誉」はスペインにとって消せない恥だったようだ。

前述したガリシア出身のマダリアーガも、スペイン人の道徳規範・感情を誘発する要因・純粋な行動の原動力は「名誉」だと指摘する。マダリアーガはフランスの大学で学び、政治家でもあり、外交官（国際連盟勤務、駐米大使、駐フランス大使）でもあり、オックスフォード大学で教鞭をとったこともあったため、各国を比較した上で客観的にスペイン人を分析していた。ちなみにイギリス人の原動力はフェアプレーで、フランス人は法である。さらには日本の封建時代には武士階級だけが名誉を重んじたのとは異なり、地中海世界では身分に関係なく民衆が闘争的・暴力的な名誉観念を持っていた。

この名誉を重んじる気風は、外交交渉の場にも表れる。一九七〇年代後半、スペインを北大西洋条約機構(NATO)に加盟させたい米国は、スペイン側の要求である「国家威信(名誉)、兵器供与、地中海」を重視すべきと述べている。その一方で、当時のスペイン外相は、「西サハラに駐屯するスペインの軍人は軍の中でもとくにエリートでありプライドが高い」ということを、ヘンリー・キッシンジャー国務長官に訴えていた。

マダリアーガによると、通常アナーキーなスペイン人の集団を結束できるのは、情熱の源を名誉とする軍隊と、情熱の源を宗教心とする教会であるという。さらにベットによれば、名誉の観念はほとんどのスペイン人が持っているが、イエズス会ではとくに強いそうだ。だとすればイエズス会は、スペイン人の結束にとって最強の存在ということになる。

†「祖国」スペイン

カストロはホセ・マルティ主義者である、とも言われる。ホセ・マルティ(一八五三〜

若き日のカストロ（Roger-Viollet）

九五）は、キューバの詩人で、スペインからの独立戦争時の英雄である。米国への併合を望むキューバ人もいたが、マルティはあくまで独立が必要だと主張した。ニューヨークに滞在したマルティは、貧富の差の拡大・差別・労働者の弾圧など米国の中の矛盾も目の当たりにしていたからである。マルティはその他にも教育・モラルの高さ・自由こそ人間の義務であり名誉であるという思想を持っていた。

田中三郎元駐キューバ大使（任一九九六～二〇〇〇）は、カストロ本人が（自分はホセ・マルティ主義者であると同時に）「十字架にかかったキリストの教えと論理に従って生きるしかない」と言っているのを直接耳にしている。大使は、カストロのことをモラリストでホセ・マルティ信者であると述べている。後述するフランコ政権のファン・パブロ・デ・ロヘンディオ大使のみならず、田中氏もカストロに魅了されたようである。

南北アメリカを区別した、ラテンアメリカの解放者と言われるシモン・ボリバル、革命家・詩人・ジャーナリストのホセ・マルティ、そしてフィデル・カストロ――この三人は、いずれもスペインからの移民を先祖に持つ。コロンビアのノーベル賞作家、ガブリエル・ガルシア・マルケスによれば、カストロにとって「先祖の土地スペインは、彼にとりついてはなれることのない強迫観念」である。

そして三人とも渡米経験があった。米国の膨張主義に対して、自治権を持った統一共同体をラテンアメリカにつくるというカストロの未来へのヴィジョンは、ボリバルやマルティと同じ理念だった。さらにこれは、物質主義的な米国と対抗してスペイン性という精神性でラテンアメリカとの絆を強調したフランコ政権の政策とも相通じるものがある。

3 フランシスコ・フランコの実像

†手薄なフランコ研究

以上でカストロの生い立ちと人となりを見てきたので、今度はフランシスコ・フランコの横顔を見ていこう。カストロやチェ・ゲバラに関する日本語の書物、翻訳書は数多い。だが、スペイン内戦やフランコ時代に関する書物は存在するものの、フランコについての記述は否定的なものに留まっている。英語・スペイン語で書かれたフランコの自伝的書物は、その長さゆえか、あるいはカストロほど劇的な人生ではないためか、カストロやゲバラのものと比べるとそれほど訳書は多くはない。

あるいはスペイン内戦に敗北して亡命した共和国政府側の人間が、米国の労働組合や財団の支援を得て「内戦の大義（反ファシズム、反独裁）」をアピールしたからだろうか、日本ではフランコはまったくと言っていいほど人気がない。

また、何時間も続くスピーチで人々をひきつけるカストロと比べて、いわゆるガリシア人的なフランコは寡黙で、カストロのような魅力はなかったようだ。しかし一見唐突で感情的に見えるカストロの行動も、実は時間をかけ詳細に計画していたところは、フランコと共通している。この両者はお互いを意識するところもあったに違いない。フランコはカストロについてはほとんど言及しておらず、あるいはその記録がわずかしか残っていないため、想像力を駆使するしかないのだが。

スペインではようやく二〇〇七年、スペイン内戦・フランコ独裁期に迫害された人々の名誉を回復し、その権利の侵害に対して補償するという歴史的記憶法が成立した。フランコ時代はもちろん、筆者が研究を始めた二〇世紀末でも、国を二分した内戦の傷跡が残っていたためか、資料不足のためか、フランコ政権の外交研究はスペイン国内ではさほど進展していなかった。むしろ外国人研究者のほうが、研究をするのが容易な雰囲気すらあった。本書では筆者は日本人として、スペイン内戦やキューバ革命に沸いた後の世代として、二人について出来る限り中立的に冷静に描いてみようと思う。

†湿潤なガリシアから乾いたカスティーリャへ

一八九二年フランシスコ・フランコは、軍港・造船業で栄えたガリシアのフェロールで生まれた。奇しくも、共和国政府側であった社会労働党(PSOE)および労働者総同盟(UGT)の創始者、パブロ・イグレシアス(一八五〇〜一九二五。スペインの左派党、ポデモスの現党首は同名の別人)や、造船会社に勤務していた共産党系の労働組合の現代表もこのフェロール出身である。この地は「周辺(周縁)」でありながらリーダーを多く輩出している。フランコもカストロも首都から遠い「周辺(周縁)」の出身であったのだ。

フランコ家は代々海軍軍人を輩出する家系であった。父母の姓がスペインでよくあるユダヤ系の姓であることやその容貌から、ユダヤ系の家系だったとの説もある。父は自由主義的でフリーメイソンに親近感を持ち、カトリックに対して批判的であった。対照的に母

若き日のフランコ（1910年9月27日、フランコ財団）

親は、敬虔なカトリック教徒であった。母親が信心深いという点は、カストロと類似していた。

だが一九〇七年、父は女性と駆け落ちしてしまった。狭いムラ社会で、フランコ家の残された者たちはどのようにして暮らしていたのだろうか。こうした父親を持ったことから、フランコは後にフリーメイソンを敵視するようになったのかもしれない。

フェロールのフランシスコ少年は、米西戦争の敗北で名誉を傷つけられた帰還軍人や喪に服する友人家族を眺めていた。ラテンアメリカの植民地喪失後の海軍縮小で、フェロールの造船業は打撃を受けていた。そして入学を希望していた海軍士官学校が閉鎖されたため、フランシスコ少年はこの一九〇七年に湿潤なガリシアから離れ、イベリア半島の中心、乾いたカスティーリャの地にあるトレドの陸軍士官学校に入学した。

†モロッコ戦線へ

フランコは、軍人として規律・秩序を重視した。それは、父親や当時のスペインが「無秩序」であったこととも無縁ではないだろう。フランコはモロッコ戦線を志願し戦功が認められ、一九一五年二二歳にして陸軍最年少の大尉となり、三四歳にして欧州で最も若い将軍となるなど順調に出世していった。ここで重要なのは、フランコが北アフリカの砂漠で戦功をあげた――ここでの経験からゲリラ戦にも詳しかった、という点である。なおアフリカで戦功をあげた将校たちはアフリカ派と呼ばれ、後にフランコ政権内でも優遇されることとなった。

モロッコ戦線でのフランコ（フランコ財団）

しかしフランコは戦功をあげていった一方で、スペインは一九二一年、アブドゥル・クリム率いるモロッコ軍に大敗し、以降も泥沼の戦争を続けることになる。当時のスペインに残された植民地はアフリカのみであったため、敗戦の責任問題で政府と軍の間に亀裂が走っていった。

また国民の中にも不満が鬱積していった。当時スペインの徴兵制では、富裕層は現金で兵役を免除されることもあったためである。前述のペレス・セランテス大司教のように、モロッコ兵役を拒む者の中には徴兵忌避してキューバへ逃亡する者もいた。

†愛国心

陸軍軍人フランコは、軍に価値を置く国粋主義を最優先させた。そして、軍は愛国心の化身・国統一の最終的な擁護者であるという信念も持っていた。また米西戦争の敗北で失った軍の威信が北アフリカ戦線で回復されるだろう、祖国への愛国心が再燃するだろうと考えていた。そしてこれにより統一スペインの国益として、国土を守る最後の防衛ラインとして、軍が政治的介入を行ったことが歴史的に正当化された、と考えたのである。

後にキューバ革命では「祖国か死か」がスローガンとなったが、フランコ政権下でも「すべては祖国のために」がさまざまな建物に掲げられることとなる。

アフリカで戦功をあげた後、サラゴサの陸軍士官学校の校長となったフランコは、そこで愛国心、厳しい訓練、厳格な規律、騎士道精神、奉職、責任感、自制心、勇気、自己犠牲精神などを価値観として教え込んだ。フランコと違い、カストロは陸軍士官学校で学んだわけではなかったが、奇しくもフランコの教えと共通するものをイエズス会士そしてフランコ指揮下のアフリカで戦ったアルベルト・バヨ（後述）から学んでいたようである。

アルフォンソ一三世国王が亡命し、一九三一年に第二共和国政府が樹立すると間もなく、フランコ校長のもとのサラゴサ陸軍士官学校は閉校された。一九三四年、共和国政府の軍に所属していたフランコは、モロッコ外人部隊を出動させてスペインの北部アストゥリアス地方の労働者の革命運動鎮圧を行うことになるが、これはモロッコ人たちの残虐さを熟知していたからであった。

一九三六年、共和国政府に反旗を翻したフランコは、ヒトラーやムッソリーニの協力もあり、三年後スペイン内戦で勝利した。フランコは反共産主義、反自由主義、反フリーメイソンを掲げていた。第二共和国政府の閣僚の中にはフリーメイソンが多かったのである。

しかしフランコは、ヒトラーやムッソリーニの第二次世界大戦参戦への再三の催促にもかかわらず、中立を保った（一時、非交戦国になったが再度中立国となった）。一九四〇年にヴィシー・フランス下のアンダイエ（スペインのバスク地方との国境）におけるヒトラーとの会談でも、参戦への返事を先延ばしし続けた。

†カトリックの国、スペイン

フランコ政権は、ドイツ優位が崩れてくるとスペインのファシズム色を薄めるために、カトリック勢力を利用した。戦後一九五三年にはバチカンと政教協約を締結し、カトリックを国教とした。

ここで、フランコがなぜそこまで「カトリック」にこだわるのかを、歴史を振り返りつつ考えたい。イベリア半島では、七一一年にイスラム教徒が北アフリカから侵入して以来一四九二年にカトリック両王（一四九六年ローマ教皇アレクサンデル六世よりこの称号を授与された）が半島からイスラム教徒を駆逐するまで、何世紀にもわたってイスラム教徒との争いが繰り広げられてきた。

このカトリック両王とは、一四六九年に結婚した、カスティーリャ王国（マドリードが含まれている）のイサベル一世とアラゴン王国（バルセロナが含まれている）のフェルナンド二世のことである。このスペイン王国は、同君連合であったが、カスティーリャ王国のほうが強大な勢力を有していた。

前述のサンティアゴ・デ・コンポステーラへの巡礼の道がつくられたのも、共通の敵に対する団結が必要だったという背景がある。カトリック両王は、ユダヤ教徒やイスラム教徒を追放しカトリックを国教に国の統一を成し遂げようとした。その後のスペインの黄金時代を築くハプスブルク家の王たちも、カトリック布教を錦の御旗に掲げてラテンアメリカへと乗り出していった。

フランコは、こうしたカトリック両王の時代を念頭に、カトリック国教を掲げて内戦で分裂した国を一つにしようとした。そして、さらにはラテンアメリカでの覇権を確立しようとしたのである。

†米国に対抗するという共通点

第二次世界大戦後、枢軸側に近かったフランコ政権は、非民主主義国として国際社会から疎外された。民主党フランクリン・ローズヴェルト大統領の後任であったハリー・トルーマン大統領(任一九四五〜五三)は、フランコの嫌うフリーメイソンであり、カトリックではなくバプティスト派であった。

スペインは国際連合からは非難決議・排斥決議を出され、マーシャルプランの適用外となった。そうしたときに、資源も不十分なフランコ・スペインは、無謀にも貿易や為替統制、農業・工業の割当量を決定する「アウタルキー政策」をとり、経済的には破綻に陥った。だが、国力を低下させつつも、国内では外の敵に対しスペイン・ナショナリズムを鼓

フランコとご会談される皇太子明仁親王（今上天皇）
（1953年6月24日、フランコ財団）

舞した。軍においても、技術や戦略よりは宗教・モラル・価値観などが強調され、フランコは物質的要素よりも道徳的規律のおかげで戦争に勝利したと教えられていたのである。そして米州においては、軍事力・経済力でかなわぬ米国に「精神性」を強調することで対抗して、影響力を回復しようとした。

　ここで冷戦の激化が、スペインに味方することになった。米国はスペインに接近し、一九五三年には共和党のドワイト・アイゼンハワー大統領（任一九五三〜六一）の時代、米西協定が締結された。フランコ政権内でも、一部の軍人や外交官はこれに反発した。スペインの懸案であった近隣のマグレブ諸国からの脅威には、米国は応戦しないこととなっていたからである。米国は、東側諸国からの攻撃を念頭に置いていたのである。なお日本との間にも一九五二年に国交が回復され、翌年には明仁親王がスペインを訪問している。

米国政府は、すでに反共を標榜していたフランコ政権のエリート層に対しては、反共思想よりはむしろ独裁政権に対する米国の民主主義の価値をアピールしようとした。大衆には、「理想的な」米国の生活、労働者の生活についての宣伝映画が放映された。つまり米国は、スペインにおける基地の使用権を死守するため、スペイン世論を味方につけようとしたのである。

ところがカトリックを国教とするスペインの大衆は、米国の音楽や映画への興味は持ったものの、時としてそれらがモラルに反すると見ることもあった。また米国政府が発するメッセージ——自由な国民、開放的な社会の擁護——は、フランコ政権下では矛盾したものとして、空虚に響いていた。

†フランコのアメリカ観

一九五四年フランコは、「スペインが母国というよりは、(ラテンアメリカ諸国を)それぞれ対等な立場の兄弟であるように感じている」とハバナのマスコミに答えていた。すなわちラテンアメリカとスペインの関係は、昔の植民地—宗主国という関係ではなく、同じ権利を有する同等の国と強調した。ラテンアメリカは、同じ習慣、同じ考え方を持つ、同じ家族の兄弟だというのである。

確かにスペインはラテンアメリカを征服し搾取を行ったが、フィリピン・米国の南西部・中央アメリカ・カリブ諸国・キューバなどを含むほうを「ヌエバ・エスパーニャ（新スペイン）副王領」として統治した歴史があった。フランコは、スペインのビジネスマン、エンジニア、ラテンアメリカに行く優秀な人々に対して、「兄弟国の人々には、彼らの問題に対して我々の解決法も持っていかなければならない、スペインとの関係は精神的なものだけと思われないように」とも述べていた。

一方でフランコは、米国のことを「ラテンアメリカ諸国を援助できる、または援助すべき寛大な銀行家」とたとえている。なるほど、銀行家は商売になるときには金を貸すだろう。しかしフランコは、スペインが米国とは異なる「家族的な精神」を持っていると強調した。つまり、家族共通の価値観・文明を維持するために支援するというのだ。家族であれば、問題が起きても運命共同体として一緒に解決していかねばならない。危機のときも見放さないはずだ。

†軍人の見たフランコ

CIA副長官、国連大使などを務め、歴代の米国大統領の通訳として信頼を集めたヴァーノン・ウォルターズ将軍という人物がいる。彼の目を通したフランコ像は、非常に興味深い。イギリス系移民の子であるウォルターズは、ケルトの血が色濃いスペイン北西部出身のフランコについて「穏やかな言葉遣いで比較的口数が少なく、いつ何時も自分自身を完全にコントロールできる人」「ほとんどスコットランド人のような頑固さがある」と評している。

一九五九年、軍人出身(欧州を解放した連合軍の総司令官)のアイゼンハワー大統領がスペインを訪問した。大統領は、フランコの政治的信条・政策は別としても、スキャンダルのないフランコには感銘を受けたようだった。そして米国のメディアが報じるような独裁者ではないと、通訳として同行したウォルターズ将軍に述べた。

ウォルターズも、「熱く扇動的にならないフランコの様子からはフランコが自国の人々と三年間も戦ったとはとても想像できなかった」と述べている。三人の軍人の間には、何か相通じるものがあったのではないだろうか。

なおスペイン語に堪能なウォルターズは、一九七一年にも共和党のリチャード・ニクソン大統領(任一九六九~七四)に派遣されてフランコを訪問し、ポスト・フランコ時代についても語り合った。このときフランコは、ウォルターズに「スペインの秩序と安定に関しては、自分がしっかりと対策をとりつつ保障する」と大統領に伝えるよう述べている。この「秩序と安定」はフランコを理解するキーワードである。中東紛争のさなか、米国は中東へのルート・地中海を制するスペインに、まさにこの「秩序と安定」を望んでいたのである。一九七三年、キッシンジャー国務長官も中東訪問後に、「混乱したところを訪問したばかりなので、スペインの安定性を嬉しく思う」とファン・カルロス皇太子に述べていた。

またウォルターズは、カストロとも出会っている。一九八二年、当時国連大使であったウォルターズは、ロナルド・レーガン大統領（任一九八一～八九）に派遣されてカストロとも語り合った。カストロとウォルターズには、両者ともイエズス会の学校出身という共通項もあった。

†カストロのフランコ評

二一世紀に入って、かつてフランコが米国に従わずキューバとの国交を保ち続けてくれたことに、カストロは感謝している。フランコが米国に譲歩しなかったのは、「ガリシア人的頑固さ」で行動したからだという。

また、フランコによる一九三四年のモロッコ外人部隊を出動させての革命運動鎮圧や、北アフリカでの活躍を、「ガリシア人だからか、抜け目がない」とも語った。さらにカストロは、「フランコの支援者は金持ちが多かっただろうが、彼の政権は比較的汚職が少ない」とも述べた。清貧という、まさにカストロがイエズス会士から学んだこととの共通点を、彼はフランコに見ていたのではないか。

フランコも、内戦時には反自由主義で反米思想を持っていた。さらに一九五三年の米西協定締結後も、フランコ政権の中には常に反米思想を持つ人々が存在した。一方、カストロも米国の「民主主義」がキューバに押し付けてきたものを熟知していた。カストロもフランコも、米国的民主主義の二面性をよく理解していたのである。

このように見てくると、カストロとフランコの関係を読み解くキーワードは、ガリシア・宗教・秩序・祖国といったもののようである。そしてさらに軍人・名誉・モラルといったものが共通項として見出される。これらに注目する形で、以下の章では、スペイン内戦・キューバ革命以降の具体的な動きを見ていくことにしよう。

第二章

形容矛盾——革命前後のキューバとカストロ

1　スペイン内戦からキューバ革命へ

†スペイン内戦とキューバ

カストロを支援するフランコ・スペインと米国。カストロを支援しない共産党。カストロの中でのキリスト教とマルクス主義の両立。本章では一見すると矛盾するように見えるこれらの事象の真相を解き明かしていきたい。

スペイン内戦は、一九三六年にフランシスコ・フランコを含む軍人たちが第二共和国政府に対してモロッコからクーデターを起こしたことが発端となり、三年後に反乱軍側の勝利で終結した。その結果、独裁政権が成立した。

この内戦が勃発したとき、キューバにはフランコを支持するファランヘ系の人々もいたが、共和国側の人々も存在した。フィデル・カストロの父アンヘルは共和国に反対しており、カストロ家の住むビランでは共和国に反対するほうが多数派だったようだ。

キューバの新聞は、スペイン内戦の経過を詳細に報じていた。一〇歳前後のフィデルは、これらを読んで内戦の展開を把握し、詳細をよく覚えていた。幼いフィデルの脳裏にも、この第二次世界大戦への序曲はしっかりと焼きつけられた。のちに彼はこの戦争を「共和派の思想対西欧の覇権主義、帝国主義の衝突」であったと述べている。

キューバでは、スペインに渡航して戦う若者が増加した。枢軸側に近かったフランコ側で戦う者も、反対にフランコと戦って共和国を支援しようという者もいた。フランコ側についたのは、大部分がスペイン系移民とその子孫であった。彼らは多額の資金とタバコ・ラム酒・靴などといった物資を送付した。一方、共和国側に参戦したのはキューバ人が多数を占め、学生・労働者らも多かった。そのため、送ることのできた資金と物資は限られていた。約一〇〇〇人が共和国側に参戦したが、キューバ共産党がこうした国際義勇軍のリクルートを請け負った。

スペイン内戦後、共和国側についていた人々の中には、キューバに亡命した者もいた。その内訳は、知識人・芸術家・政治家・一般市民とさまざまであった。たとえば著名な哲学者オルテガ・イ・ガセーの兄は、キューバに亡命しフリーメイソンの活動を行った。ただ、職の限られるキューバでは、一九三九年より入国者を抑えるため、亡命者・移民などを制限する方向に動いた。とくにキューバ人に職を与えるため、知識人層の入国は制限されていた。そのためスペイン人の中にはキューバに一定期間滞在し、その後メキシコや米国へと移住していった者も少なくなかった。

それでも、著名な詩人・小説家などが一時期キューバに滞在して、同国の芸術や教育に多大な影響を与えたことは特筆すべきであろう。スペインからの亡命者がキューバの新聞社で働くことで、新聞の質も向上した。皮肉なことに、その中にはフランコの大義に賛同する新聞もあった。

こうして、スペイン内戦から第二次世界大戦にかけて多くのキューバ人・スペイン人が二国間を行き来し、さまざまな面でキューバの発展に貢献することになった。

†スペイン内戦の経験からゲリラ教育へ

キューバ出身ながらスペイン内戦に参加した後、再びキューバに戻った人の中にも、大きな影響力を持った人物がいた。カストロやゲバラにゲリラ戦術を教えたアルベルト・バヨ将軍(一八九二〜一九六七)がその一人である。

バヨは、スペイン植民地時代のキューバに生まれ、詩人でもあった(一九一〇年代には、何冊も詩集を出版した)。スペインに渡って、まずフランコが卒業した前述のトレドの陸軍士官学校で、その後マドリードで飛行術を学び、モロッコで戦うも負傷し片目を失明してしまった。一九二〇年、モロッコ戦線から戻ると、アクロバット飛行を行う民間会社をマドリードに設立した。

一九二四年には、フランコが指揮をとる北アフリカで、再びムーア人ゲリラと戦い戦功をあげることになる。このときバヨは外人部隊に配属されて、ゲリラ戦術、ゲリラに対抗する戦術を学んだのだが、これが後にキューバ革命に間接的につながるとは、当時誰が予想したであろうか。

フランコとバヨは同年生まれであるが、フランコの昇進が早かったことは前に述べた通りである。またバヨのほかにも、モロッコで戦功をあげたキューバ人が何人もいた。

その後、バヨはフリーメイソンに加入し、スペイン内戦では共和国側についてフランコ軍と対決した。バレアレス諸島でイタリア軍やフランコ軍と戦い、海外からの武器買い付けを行った。

ムーア人とフランコ（フランコ財団）

一九三九年に、四七歳になったバヨは、内戦後キューバに戻り航空技術の普及に努め、また私立の学校で数学・言語の教師としても働いたが、一九四一年、息子とともにメキシコに渡った。そこで家具工場のオーナーを務める傍ら、空軍学校でインストラクターを務め、スペインの若い共産党員をゲリラ兵として教育した。バヨがゲリラ兵として共産党員を選んだのは、一番腹が据わっていて勇敢だと思ったからである。

一方で、ニカラグアのソモサ独裁政権に反対する反共産主義の若者やドミニカ共和国の革命家も教育した。

†バティスタ独裁政権と「七月二六日運動」

キューバでは一九三三年、フルヘンシオ・バティスタによってヘラルド・マチャード軍事独裁政権が倒されて、ラモン・グラウ政府が成立した。以後、バティスタが操る独裁政権がキューバ革命まで続くことになる。

米国にとっては、自国企業の利益に反する政権が成立しては困る。そのためバティスタは、米国の後押しで軍部支配を確立することができたのである。

また、一九三〇年代のキューバには、二つの過激な武力集団が存在していた。一つは革命的社会主義運動（ＭＳＲ）である。創設者のローランド・マスフェレルらは共産党員であり、スペイン内戦において国際旅団のリンカーン大隊に所属し、共和国側で戦った退役軍人であった。マスフェレルはバティスタ派の議員で、キューバ革命後は米国へ亡命した。

ジョン・F・ケネディ大統領とも会談したが、あまりに急進的なので大統領は彼を嫌ったようである。マスフェレルは一九七五年マイアミで暗殺された。

もう一つは革命的決起連合（UIR）で、この創設者のエミリオ・トロも若くしてスペイン内戦で戦ったアナーキストであった。

バティスタの傀儡であったフェデリコ・ラレド・ブル大統領（任一九三六～四〇）は、一九三八年に共産党を合法化した。さらに一九四〇年には、バティスタ自身が大統領の座に就いた。第二次世界大戦期にファシズムが拡大すると、バティスタは急に自分は反ファシスト主義者だと表明した。共産党もそれに賛同し、入閣さえした。つまり当時共産党は、バティスタを支援していたのである。

第二次世界大戦後、世界では冷戦が深化していき、キューバ国内政治も混迷を深めていった。一九四四年の選挙で敗北したバティスタは、いったんフロリダに定住し、マフィアと接触しカジノ経営などを行っていた。驚くことに一九四八年には、フロリダの地にいながらキューバの上院議員に立候補し議席を獲得している。

一九五〇年、バティスタはキューバへ帰国し、大統領選挙への出馬を目論んだ。現地では、一九五二年に予定されていた選挙での最有力大統領候補者が自殺するなど、内政は混乱を極めた。そこで一九五二年、バティスタはマフィアの支援も得てクーデターを起こし、大統領に就任して憲法を廃止した。

この間、米国資本のキューバ進出は加速化していた。米国のシンクタンク、ランド研究所の情報によれば、一九五六年にはキューバの電話・電気資本の約九割、公共鉄道の約五割、製糖業の約四割を米国資本が占めるに至った。バティスタは、米国の電話会社ＩＴＴから金の電話機を贈呈されていたという。一部の特権階級が優雅な暮らしをする一方で、大部分のキューバ人は貧しく、国内にはギャンブル・ドラッグ・売春などが蔓延していた。

こうした腐敗したバティスタ政権に不満を持ち、一九五三年、カストロらが立ち上がる。独裁政権を転覆しようと、当時二六歳のカストロらはモンカダ兵営を襲撃した。この事件の際、共産主義者はカストロたちを支持するどころか批判的でさえあった。カストロらのグループは、のちに「七月二六日運動」と呼ばれるようになる。しかし、情熱に燃えるアマチュアゲリラの若者らによる襲撃は、半数の若者を犠牲にして三〇分ほどであっけなく失敗に終わった。

だが、さまざまな運がカストロに味方することとなった。前述のガリシア出身のペレス・セランテス大司教らのとりなしで、カストロは死刑を免れる。投獄されたカストロは、刑務所へ本を差し入れてもらい、法廷で自ら弁護しようと理論武装する。彼は法学部出身であった。歴史上圧政に対して武器をとって人民が立ち上がった出来事を引き合いに出し、襲撃を「人民の反乱権」としてその合法性を主張し、「歴史は私に無罪を宣告するだろう」と締めくくった。ナポレオンやシーザーの如く自分の名前が歴史書に刻まれるようにと、幼い頃から読書しつつ夢想にふけっていたというカストロらしいエピソードである。

†ゲバラ、カストロへのゲリラ教育

その後バティスタは、一九五四年にキューバ島を分断する運河建設案を打ち出す。米国資本によって、米国・パナマ運河間の距離を縮めようというものだったが、当然国民の猛反対にあった。そこでバティスタは大統領を辞任して、ドミンゴ・モラレス・デル・カスティーリョを大統領候補に立てて当選させた。当選といっても、公正な選挙が確保されないとして対立候補は立候補を取り下げたため、「信任投票」であった。翌年二月、米国のニクソン副大統領がバティスタを訪問した。これにより、前年の選挙の結果に米国がお墨付きを与えることになった。

キューバ国民の間では政治犯に対して恩赦を求める運動が高まっていたため、カストロはこの大統領選における恩赦で釈放され、メキシコへ亡命した。そこでカストロは前述のバヨに会った。仲間さえまだ十分に集め切れていなかったカストロに対して、バヨはまず、資金集めと仲間のリクルートが第一条件だと提示した。というのもバヨは、当初これを二〇代の若者の夢物語として聞いていたのである。

バョは当時、スペインから亡命してきた社会民主主義者や共和国派のリーダーたちがカフェテリアで思い出話に花を咲かせ、共和国の記念日を悲しく祝っているのを見ていたのである。また、フランコ、バティスタ、アルゼンチンのファン・ドミンゴ・ペロン大統領を倒したいなどという人々の話もたくさん聞いていた。しかしそうした言葉は、カフェでタバコの煙のようにむなしく消えていくのであった。

だがカストロは実行に移した。資金・仲間を集め、バョを動かした。当初、家業の片手間に一日三時間だけゲリラ教育を施そうとしたバョは、カストロに説得されて結局カストロやアルゼンチンから来ていたエルネスト・ゲバラ（チェ・ゲバラ）らに一日中訓練を施すことになった。

チェ・ゲバラも、スペイン内戦に刺激された一人であった。チェの住んでいたアルゼンチンの地は、スペイン内戦前後に亡命者を受け入れていた。また彼の伯父はアルゼンチンの共産党員であったが、ブエノスアイレスの新聞社から特派員としてスペインへ派遣されていたのである。この伯父の妻と子供たち家族がチェの家族と一緒に住んでいたため、一〇歳前後のチェは、この伯父や家に集まるスペイン人らから情報（もちろん親共和国）を逐次受け取って感化されていた。

バヨは、彼らにゲリラの厳しさを叩き込んだ。あるときバヨは、彼らに歯磨き粉、石鹸、シェービングクリームを持っているかとたずね、差し出させた。そしてそれらを捨て去りこう言った。「君たちは勝利するだろうが、君たちのうちのわずかしか生き残れないであろう」。

カストロは、バヨが世界の戦争、そして過去の紛争について詳しいという点で評価していた。アーネスト・ヘミングウェイの小説『誰がために鐘は鳴る』から感銘を受けていたアマチュアゲリラのカストロは、さらに多くのものをバヨから学ぶことになった。それはカストロだけでなく、ゲバラもそうだった――後に『ゲリラ戦争』という書を書き残すほどになった。バヨのゲリラ訓練で最も優秀な生徒は、ゲバラであった。「もし現地の農民の支援を得られれば、ゲリラは無敵である」。バヨはカストロにこう言った。この老士官の言葉は、アマチュアゲリラの彼らの心に響いた。

2　カストロを絶賛する右派の大使

†キューバとスペインの国交

第二次世界大戦後、フランコ独裁政権は国際的に孤立していた。一九四六年には、国連がスペインからの大使召還勧告を出していた。そうした状況下で、メキシコもフランコ政権を承認せず、亡命共和国政府を同国内に置いた。結局メキシコは、一九七五年のフランコ死去後、スペインで総選挙が開催された一九七七年まで、同国と国交を持たなかった。

前述の通り、キューバにもスペイン内戦でフランコ軍に敗北した共和国側の人々が多く亡命していた。キューバとフランコ・スペインは、当時の複雑な国際関係の中に置かれることとなった。

内戦後、フランコ政権はキューバへ臨時代理大使を送っていたが、第二次世界大戦中、キューバをはじめラテンアメリカのファランへ組織は解散させられた。他方、亡命していたスペイン共産党員とキューバ共産党の流れをくむキューバ人民社会党は、密接に連絡を取り合っていた。

ようやく一九五二年、バティスタ政権のもと、キューバとスペインは大使の交換を行った。時間がかかった理由は、スペイン内戦後の影響で政府承認に問題があったためだ。キューバは複雑な立場にあった。内戦中、共和国側のフェリックス・ゴルドン・オルダス大使はメキシコからキューバを兼轄していた。大使は共和国政府で閣僚を務めたこともあり、その後一九五一〜六〇年は、メキシコで亡命共和国政府の首相となった人物である。彼は、一九四九、五二年とハバナの反フランコ政権の集会で講演会を行っており、キューバの知識人たちとも親交を深めていた。このような人物の存在が両国政府間の承認の障害になっていたのである。

フランコ・スペインは、南米での勤務経験が長いロヘンディオをキューバに送った。ロヘンディオ大使は、フランスと国境を接するバスク出身であった。イエズス会の創設者ロヨラやフランシスコ・ザビエル、チェ・ゲバラの先祖もバスク出身であった(一昔前はバスクといえばテロを想起させたが、現在は美食の地方として有名になりつつある)。

ロヘンディオ大使の就任以降、両国の経済・文化的な絆は急速に強化されていくことになる。キューバの映画館・ラジオ・テレビ番組などでは、スペインの作品が上映され、キューバでスペインの芸術家たちが知られるようになった。ロヘンディオ大使は、ハバナの社交・文化界にしっかりと根を張っていったのである。

†カストロ、ゲバラらキューバへ上陸

バョに教えを受けたカストロやゲバラらは、いよいよ行動を実行に移す。一九五六年一一月二五日、ヨット「グランマ号」でメキシコを発ち、一二月二日に八二人でキューバ南部に上陸した。しかし待ち伏せしていたバティスタ政府軍に発見・攻撃され、集合場所のマエストラ山脈に結集できたのは十数名とごくわずかだった。しかし彼らはここから革命闘争を開始するのである。

反乱側は、士気の低いバティスタ軍に対し、拡声器で愛国的な歌や革命への呼びかけを流すなどもした。当時の駐キューバ米国大使、アーサー・ガードナー（任一九五三～五七）は、バティスタ軍がゲリラを殲滅できなかった理由として、同軍がゲリラ戦に不慣れであったこと、米国がバティスタへの武器輸出を停止しており闘う意欲がなかったこと、軍の中のモラルが守られていなかったことをあげている。

カストロの言動を見守っていた駐ドミニカ共和国スペイン大使、アルフレド・サンチェス・ベーリャは、革命前年、スペイン外務省本省にカストロについて次のように報告している。「伝統的な共産党というよりは、革命のための革命を掲げ、アナーキストのように

とりあえず破壊する、という感じだ。しかしいくら非論理的、非合理的でも、カストロの勇気・才能・気さくさが、多くの人々、とくに理想主義者の若者たちを魅了している」。大使には、スペイン内戦前の全国労働連合（CNT）やイベリア・アナーキスト連盟（FAI）の破壊的行動が念頭にあり、それと似たものを感じとったのであろう。

サンチェス・ベーリャ大使は、適切な情報を入手していた。本省への報告も核心をついており、興味深い報告電をたびたび送っていた。スペインの広報をラテンアメリカで行うヒスパニック文化研究所所長を務めていた経験も生きていたのだろう。ドミニカ共和国の後は駐コロンビア、イタリア大使を歴任し、一九六九〜七三年には情報観光大臣となる。

†フランコ政権のカストロ革命軍支持という構図

最終的にバティスタは一九五九年元旦未明にキューバから出国し、同日革命軍がキューバの政権を掌握した。

キューバの革命政府を最初に承認したのはベネズエラの一月四日だったが、驚くべきことに米国もカストロがハバナに到着する前日の七日に早くも承認している。当時の駐キューバ米国大使、アール・スミス（任一九五七〜五九）によれば、米国務省ができるだけ早く承認するよう、せかしてきたのだという。

一方でスペインはこの政府承認に関し、基本的にメキシコの外相であった、ヘラーノ・エストラーダが述べた「エストラーダ主義」をとっていた。すなわち内政干渉にならぬように、政府の承認はその成立過程とは無関係になされること、としていた。

スペインはなぜ、ベネズエラや米国ほど迅速に承認しなかったのか。一九六〇年春（スペインのゴルドン・オルダス亡命政府首相が辞任する頃）まで、スペイン共和国亡命政府がバティスタ政権から支援を受けていたという事実が事態を複雑にしていた。一九五九年一月一七日、ゴルドン・オルダス亡命政府首相は、キューバに入国し、マヌエル・ウルティア大統領やカストロと会談した。フランコ政府と国交を断絶して、亡命政府を承認するよう求めたようである。

別の方面から見れば、革命前からすでに、フランコ政権がカストロら革命軍側につくような構図ができあがっていた。バヨのような人々もいたが、よりいっそう大きな流れがあったのである。実際、駐スペイン・キューバ領事は、フランコ政権がバティスタの圧政下亡命した「七月二六日運動」の人々を手厚く扱っていたと報告している。

また、前述のフランコ・スペインから派遣されていたロヘンディオ大使はカストロに好意的で、スペイン政府が他国の出方をうかがっているところに、革命政府を承認すべきとの意見具申の電報を送っていた。カストロのスピーチも長いが、ロヘンディオ大使の電報も長い。電報やレポートというよりは、要点がわかりにくく修飾語の多いスピーチのような電報である。

スペインが革命政府を承認する前の一月九日には、大使は一七枚に及ぶ電報を本省に送っていた。その中で、「バティスタ政権は圧政を行い、その軍隊のモラルも低い。それに比べ現在勢力を増しつつある反対派は、活力があり、大胆で、革命軍のモラル・士気も高い」と言っている。マフィアと共謀して、ドラッグ・売春・犯罪などをキューバに持ち込んで堕落させたバティスタの存在は、カトリックを国教とする国の大使には許し難かったのだろう。

そして、「スペイン人のアクセントで話すカストロは、明らかに雄弁者の素質がある」「未熟ではあるがエネルギーや善良さがにじみ出、少し混乱してはいるが魅力的な理想を掲げていて親近感が湧く」と述べている。

その後もロヘンディオ大使は、カストロの演説は「耳に心地よい声、教養ある表現、聞き手に説得力ある声の調子」、内容は「いつも教養にあふれ、時に不適切な表現はあるものの、大胆なテーマを扱う」と絶賛していた。ロヘンディオ大使は革命前からカストロに魅了され、明らかに革命軍に親近感を抱いていたのである。

確かにカストロのスピーチは、聴かせるものであった。米国で三六年間、CIAや国家諜報会議に勤務したブライアン・ラテルによれば、カストロはスピーチで、rではじまる「革命（レボルシオン）」や「革命家（レボルシオナリオ）」という単語を巻き舌で発音し、聴衆を催眠術にかけたようだったという。

†共和国派のその後

カストロやチェ・ゲバラを送り出したバヨは、革命直後の一月一七日にハバナ入りした。前述のスペインのゴルドン・オルダス亡命共和国首相と同時期である。彼の訪問は、バヨの訪問ほどキューバのマスコミの興味を引かなかった。

バヨはその後一九六〇年代には、ラテンアメリカの独裁者と戦うゲリラ育成の学校をハバナに創設し、『キューバ革命に対する私の貢献』を出版したり、ゲリラ向けパンフレットを作成したりした。それらには、武器の使用法、爆発物の使用法・製造法・設置法、サボタージュのやり方などが書かれていた。これらはアメリカ大陸におけるキューバ人ゲリラ、外国人ゲリラの育成に非常に役立った（なおバヨはチェスの普及にも努め、一九六六年にはハバナで世界チェスオリンピックが開催された。ゲバラもチェスの名人だった）。

革命の年の七月、バヨは「七月二六日運動」のスペイン共和国版をつくろうとした。政党ではなく、反フランコ運動の「スペイン人戦士同盟」を形成しようとしたのだが、早くも年末には内部分裂してしまった。フランコ政権打倒計画に失敗し失望したバヨは、スペイン共産党に加入した。なお、一九六五年には、バヨの息子らの訓練を受けた二〇〇〇名もの労働者（うち半数がスペイン人）がメキシコからキューバに渡ったとの未確認情報をフランコ側は得ていた。しかしバヨは、フランコ政権打倒には失敗した。

また、カストロ兄弟やチェ・ゲバラとともに革命の中心にいたエロイ・グティエレス・メノーヨという人物も、共和国派であった。彼は一九三四年生まれのスペイン人で、その家族は社会労働党（ＰＳＯＥ）支持者で、スペイン内戦では共和国側についていた。内戦後生活が困窮を極めたため、一家は第二次世界大戦終結後キューバへ亡命した。エロイは、カストロの学んだベレン校（夜間）で学んでいる。兄カルロスは一九五七年、バティスタ襲撃時に死去した。これを見た弟のエロイはキューバ革命に参加したのである。

しかし彼は一九六一年に米国へ亡命し、カストロ政権転覆を企てるも、捕らえられてキューバで禁固刑に処される。そのため後にスペイン・キューバ二国間関係で、彼の釈放が懸案事項となったのである。

†なぜスペインはキューバと国交を維持したのか

結局フランコ・スペインは、米国より一週間以上遅れて一月一五日にカストロ・キューバを承認した。前述のようにフランコ側は基本的にはエストラーダ主義を掲げているが、バヨのような亡命スペイン人が革命政府側にいたことを考えれば、キューバ革命政府を承認するのに一瞬は躊躇しただろうと容易に想像できる。

しかし、すでにメキシコはフランコ・スペインと国交断絶し、共和国政府側を支援していた。そのためフランコ政権は、キューバがこれにならって国交断絶し共和国政府側を支援するような事態だけは避けねばならなかった。むしろ積極的に出て、キューバをフランコ政権側のほうにしっかりと引き寄せなければならなかったのだ。それゆえフランコは、亡命スペイン人たちがフランコ・スペインと革命政府の間の外交関係樹立を妨げないうちに、カストロの新政府を承認した。

フランコは一九六〇年頃、「(カストロは)米国に対しては強硬に出るべき」と、駐スペイン・キューバ大使、ホセ・ミロ・カルドナに述べた。彼はその後初代キューバ首相となり、のちに米国へ亡命してヒロン浜(ピッグス湾)襲撃(後述)の際は暫定キューバ政府のリーダーとなった人物である。

またフランコは、カストロにも知己があるスペイン人ジャーナリストに対して、「カストロは非常に知的であり、偉大なる策略家である」と言った。また「カストロのやることすべては、立派な軍人がやることである、キューバは本当に変革が必要であった」とも述べている。

これに対してカストロは、「フランコには一理ある、彼はゲリラ戦争というものをよく知っている。我々がマエストラ山脈のどこにいるか常に知っていたが、バティスタ政権に情報を与えなかった」と言っていた。カストロがバヨから学んだゲリラの戦術は、優れたフランコの戦術だったのであろう。この点からも、カストロとフランコがもし会見したとしたら、お互い優秀な軍人としてもわかりあえたのではないかと思わせる。

フランコ政権もカストロ政権と同じく、反乱によりスペインの実効的支配を確立し、国際社会に承認されてきたのである。フランコ政権は、冷戦により態度を軟化させた米国と米西協定を結んだ後、一九五〇年代末にようやくOEEC（OECDの前身）、IMF、世界銀行に加盟を許され国際社会へと復帰しつつあった。だからこそ、亡命共和国を孤立無援にしなければならなかった。

国際社会で孤立していたフランコ・スペインに、唯一の救いの手を差し伸べたのは、米国であった。その米国が、キューバと国交を維持しないように圧力をかけてきたのである。にもかかわらず、フランコ・スペインはなぜカストロ・キューバと外交関係を継続したのだろうか。

さまざまな史料や研究を分析すると、キューバがラテンアメリカにおける最後の植民地であったこと、スペイン人移民の多さ（それに伴う財産保障、在外スペイン人保護）からくる情緒的・社会的・政治的理由を強調するものが多い。

またこの他にも、貿易相手国の必要性という経済的理由も考えられるだろう。スペインは安価な一次産品の輸入先、工業製品輸出のための市場——植民地、あるいはそれに準じる旧植民地——を持っていなかったのである。

フランコは一九六五年二月にも、「道徳（モラル）的義務」として在外スペイン人を守るためにキューバとの国交は継続しなければいけない、と言っていた。それによって、北の巨人——米国を敵にまわす可能性があるにもかかわらずである。この「モラル」という言葉こそ、カストロとフランコのつながりを理解するキーワードとなるのだ。

3 カストロとモラル

†モラルという防弾チョッキ

革命時カストロは共産主義を掲げていたわけではなく、自分はマルクス主義者以前にホセ・マルティ主義者であると言っていた。また社会主義と宗教の目的の間にも矛盾はなく、共通点もあるとし、「キリストは偉大な革命家」とまで言っていた。「キリストが魚やパンを増やして人民に分け与えたように、我々は学校・教師・病院・医者・工場・農地・職場・工場の生産性・研究所などを増やしていくのだ」とカストロは言う。

またのち一九七九年、国連を訪れたカストロは、米国の新聞記者に「いつも防弾チョッキを着ているのか」と尋ねられた。すると彼は肌を見せて否定し、「モラルという強いチョッキは着ている」と返した。

カストロおよびフランコ政権下の外交政策を、インタビューや一次史料に基づいて調べていくと、「モラル」という単語が頻出するのに気づかされる。たとえばカストロは、「ケネディ大統領には、失敗に責任をとるというモラルがあった」と評価している。そう考えると、カストロにあったぶれない芯のようなものは、宗教というよりも、一種のモラルに近いものだったのではないだろうか。

†反帝国主義とモラル

一九四八年、カストロはマルクス主義を「発見」して、そのとりこになった。だが、熱心なマルクス主義者ではまだなかった。その頃の彼は、すでにラテンアメリカの大義のために帝国主義に立ち向かう闘士であった。カストロいわく、民主主義・愛国心・反帝国主義から、民衆のためを思い、プエルトリコの独立やドミニカ共和国の民主化を支持した。ただし、当時共産主義青年同盟には加わっていなかった。フランス革命の理念——民衆の戦い——に強く影響されており、共産党のやり方では、自分の描く革命計画は実行不可能と思っていたからである。

また一九四八年、カストロは、コロンビアの左派指導者の暗殺を引き金に起きた民衆の暴動（ボゴタ騒動）に参加していた。自殺行為だと知りながら参加したのは、自分の原理原則・モラルに忠実であるという、「名誉の感覚」を持ち「理想主義者」だったからだ。革命の際には何が起こるべきであり、何が起こってはならないかについてもカストロには考えがあった。

しかしボゴタで彼が見たのは、まさに起こってはならない、アナーキーの発露であった。すなわち、大衆が無秩序に暴動、私刑を起こしていたのであった。ボゴタ騒動では人々が組織されていなかったこと、政治的教育が行き届いておらず政治的意識よりも反逆精神が優っていたこと、そして指導力が欠けていたのだとカストロは実感した。このときの経験が、キューバにおける革命闘争に結実する。

まずキューバ革命では、明瞭なスローガンを掲げ、民衆の大義にいっそう感情移入するようにした。というのもカストロは、人間の苦しみとは社会的不公平であり、すなわち「おまえは無だ」と言われることだと悟ったのである。常に人間として貶められ、虐げられ、誰でもない存在としてみなされる。そしてキューバでは大衆がそれによって苛立ち、不満を抱えているとカストロは感じたのだ。

カストロは、革命前には教育の場で「米国を敬って感謝しなければいけない」という一種の「宗教」が教えられていたことも指摘している。米国はキューバがスペインから独立した際に支援してくれた友人で、いざというときは助けてくれると言われていたのである。カストロによると、キューバ人は革命前にはこの「宗教」に洗脳されていたため、米国の資本主義による搾取に気づいていなかったのである。

†理想は死なない

こうした彼の哲学・理想は、人々に訴えかけるものがあったようだ。魅せられたのは、前述のロヘンディオ大使やバヨ、田中三郎元キューバ大使のような人々だけでなく、「敵」の中にもいたのである。一九五三年、モンカダ兵営襲撃に失敗したものの、さまざまな幸運が重なって助かったことは前述した。このときはバティスタ軍のペドロ・マヌエル・サリーア中尉が、ゲリラたちを殺そうと殺気立つ兵士たちに向かって、撃つなと制止したことで、カストロたちは捕虜となり、命は助かったのだった。

サリーアはこのとき、「理想は死なない（理想は殺せない）」と三度繰り返して言ったという。これに感動したカストロは、サリーアにこっそり自分の名前を明らかにした。しかし首謀者だとわかれば殺さなくてはならないので、サリーアは「それは誰にも言ってはいけない」とたしなめた。そして、「あなた方は勇敢だ」と言った。

後にサリーアはこう語った。「カストロを助けたのは同情からではなく、カストロも一人の人間であり、私は職業を愛しているので、私の指揮下で犯罪はあるべきではないと思っていたからである」と。さらに幸運だったのは、サリーアはフリーメイソンだった。カストロと同時に捕えられたオスカー・アルカルデが、サリーアもそうであろうという期待をかけて、自分がフリーメイソンだと宣言し、武器のありかを告白したのが幸いしたのである。

正義感にあふれるサリーアの「理想は死なない」という言葉は、カストロの脳裏に刻まれた。その後サリーアは、カストロらを殺害しなかったことの責任を問われ自宅謹慎の身となったが、革命後カストロは彼を大尉に昇格させ、初代大統領の護衛隊長に任命した。しかしカストロが「理想は死なない」の出所を訊く前に、サリーアは癌で亡くなってしまったのである。

†カトリックとカストロ

その後、捕虜となったカストロたちの移送・受け渡しの際には、カトリックの司祭たちが助けの手を差し伸べた。

カストロの父アンヘル・カストロと親しかったガリシア生まれのペレス・セランテス大司教は、捕虜を殺さないようにと主張した。ゲリラ側に立ったのは、ペレス・セランテスだけではなかった。ハバナのマヌエル・アルテアーガ大司教も、カストロの家族と連絡をとるなど奔走した。カトリック教会は死刑に反対しているため、処刑に対して非常に敏感だったのだ（国教をカトリックと定めてバチカンと親密な関係を保ったフランコ政権も、末期になると死刑を執行したため、バチカンは強く反発した）。

そもそもキューバをはじめラテンアメリカにカトリックを布教したのは、コロンブスが到達した後にこの地を征服したスペインであった。その中でもフランシスコ会、ドミニコ会がどちらかと言えば原理主義的であるのに対し、ルターらの宗教改革に対する対抗宗教改革期に創設されたイエズス会は、現地の異教徒とカトリックの融合を目指すなど、他の会派と異なるアプローチをとっていた。

キューバでは、イエズス会が最も親ゲリラの立場をとっていた。すでに革命前から、彼らはバティスタ政府と同一視されないよう、カストロの依頼もあり山中のゲリラに宗教活動を行ってきていた。革命後サンチェス・ベーリャ大使（当時は駐ドミニカ共和国大使）は、これを「革命が他の方面に行かぬように、キリスト教化しようとする革命軍の努力の表れ」とまで評価していた。

その一方で、フランコ政権から派遣されていた同大使によれば、（バティスタ派の）暗殺や離婚を容認するなど、キューバで一番「不適切」に過激化しているのは、大部分がスペインのバスク分離派（すなわち反フランコ派）とされるフランシスコ会であった。カタルーニャやバスクを弾圧し拷問や死刑を行うフランコ政権に抵抗していたバスクの司祭たちは、カトリックを国教とするフランコ政権から亡命したのであった。

キューバのカトリック教会は全体的には妥協的で、フランコ派の司祭も反フランコ派の司祭も受け入れていた。それゆえ、最貧層のキューバ人からは、カトリック教会の態度は「極めて表層的」だと見られていた。カトリックは、私立学校を経営して、キューバの上層部に取り入る、いわば金持ちのための宗教だと思われていたのである。

カストロらを捕まえた、いきり立つ最貧層出身の兵士たちは、大司教さえも邪魔者扱いして殺そうとした。そのため前述のサリーア中尉は、大司教も「救済」しなければならなかった。

モンカダ兵営襲撃に失敗し逮捕されたカストロ、左下がチャビアーノ大佐、右上はサリーア中尉（1953年7月26日、AFP＝時事）

モンカダ兵営襲撃後に捕らえられ、サリーア中尉からアルベルト・デル・リーオ・チャビアーノ大佐へ引き渡されたカストロは、バティスタ側の大佐まで魅了した。大佐はカストロを取り調べるというよりは、まるでカストロに演説の場を与えたようだった。カストロの話の要旨をマスコミに渡すことを許可し、新聞記者は質問を許されて、記者会見が開かれた。さらに意外なのは、同様のことをラジオで話すことまで大佐は提案したのである。

カストロは一九五四年、監獄からの手紙の中で、自分には個人的な野心がないこと、一切の動機が道徳的なもの（名誉や尊厳、義務感）であると語った。カトリック教会や敵陣営は、カストロの中に宗教的なもののを感じたかもしれない。

もちろん、カストロ政権下ではある種の粛清はあったし、カストロの政策に不満を抱いている者も少なくないであろう。彼の理想の実現のために、さまざまな意味で犠牲になった人もいる。彼の家族とて例外ではない。しかしカストロの純粋な思いは、教会にも救済されなかった人々にとっては一縷《いちる》の望みとして伝わったのではないだろうか。

†キリスト教、マルティ主義、マルクス主義

カストロにインタビューしたニューヨーク・タイムズ紙の記者シュルツ（第一章参照）も、カストロにとってのロールモデルは、常にホセ・マルティだったと証言した。マルティの両親はスペインからの移民であったが、キューバ独立戦争で活躍したマルティは、「スペインを憎まない」と言った。キューバ独立や自由のために戦うが、スペイン人は憎まない。つまりシステムを憎んで人を憎まない、人はシステムの犠牲者だという。

カストロはマルティの全作品を集めて、好きな記述や演説を記憶に刻み、現代風に「預言者」を演じた。スペイン大使館の公使も、カストロの劇役者的な点を指摘している。カストロはあまりにもマルティに傾倒しすぎていたことが、他人にもわかるほどであった。カモンカダ兵営を襲撃した一九五三年はマルティ生誕一〇〇年であったし、一九五六年にメ

キシコからキューバに上陸したときも、マルティの上陸作戦に倣ったものであったという。そのため、必ずマルティと同じ場所に上陸するはずと読んでいたバティスタ軍の待ち伏せ攻撃によって、壊滅的打撃を受けたのである。

一九五九年一月八日にハバナに到着したカストロは、勝利演説を行った。そしてこう言った——「何のための武器か？」と。大衆との対話のような演説は、ルンバやソンといったキューバ音楽のコール・アンド・レスポンスを思い起こさせる。

演説を終えたところで、一羽の鳩がカストロの肩にとまった。それは演出だったのかもしれない。だが、こうしてカストロはキリストと同一視される存在、あるいはそれ以上の存在とも言われるようになった。イースター前の演説でカストロは、キリストは当時の偽善に対抗して真実を述べたために十字架に架けられたこと、キリストの前には人種の差、貧富の差というものは存在しなかったことを述べている。

キューバ革命を行った者の中には、弟ラウルやチェ・ゲバラのように明らかな共産主義者もいたが、共産主義とキリスト教の共存は、彼らにとっては矛盾ではなかった。キューバ革命はもともと、カトリック教徒だけではなくさまざまなイデオロギーの人々に支えられていた。カストロが同志に期待したのは、愛国心・革命精神・真剣さ・誠実さ・闘志という目的の共有であり、宗教の相違は関係がなかった。

自分がマルクス・レーニン主義者であるとカストロが告白するのは、一九六二年一二月のテレビ演説においてである。ルソー的なユートピア社会に共産主義社会を重ね合わせて、スターリン型社会主義への違和感を克服しようとしたのである。そしてカストロは、自分がマルクス・レーニン主義から学んだことは決定的であるとし、自分がキューバ革命に貢献した点は、マルティの考えとマルクス・レーニン主義の考えを統合し、闘争のさなかにも首尾一貫して実践したことだと述べた。理想を持ち清貧であって、「虐げられた民衆のために闘う」という点で、彼の中ではキリスト教も、マルティ主義も、マルクス・レーニン主義も矛盾なく並存しえたのだ。

キューバ革命は、「モラルの革命」と言われるほど、モラルを重視し、指導者自らもモラルに厳しかった。そして今日でもエボラ出血熱の鎮静化などのため、第三世界への医療援助や教育に力を注ぐのも、マルティやルソーにつながるものなのである。これも良くも悪くも一種のパブリック・ディプロマシーであり、対外的なイメージ向上に役立てられていると言えるだろう。

4　カストロを支援した米国

†米国のメディアの態度

キューバ革命は、カストロが政権奪取を試みた際、米国が不干渉の立場をとったことによって成功したとも言える。そこには、米国のメディアやリベラル勢力が、カストロに対して好意的な態度をとったことが大きく影響していた。まず、米国のメディアがキューバをどう捉えていたかを見ていこう。

ニューヨーク・タイムズ紙のジャーナリストであったハーバート・マシューズという人物がいる。彼がカストロについて書いた記事が、米国で大きな反響を呼んでいくのだ。

マシューズは、イタリアのエチオピア侵攻ではムッソリーニ側を支持したが、その後スペイン内戦では逆に反ファシズム・反独裁という大義を掲げた共和国側を支持しつつ取材した。スペインでは作家のヘミングウェイと同じホテルに泊まり、親しくなったという。

しかし共和国側はフランコに敗退した。つまり歴史的に見て、マシューズはいつも敗者の側についたのである。そのフラストレーションを抱きつつ、彼はスペイン内戦の大義——民主主義、表現の自由、独裁者を打ち破る人々の燃え盛る情熱——を信じていた。

当初マシューズは、キューバに経済成長をもたらしたとしてバティスタを評価していたが、一九五二年のクーデター頃から批判的になっていた。一九五七年、ゲリラ活動を行うカストロに対し、マシューズは山中に分け入ってインタビューを行った。マシューズが訪ねるとカストロは、いかに広範囲を支配下におさめているかを演じた。マシューズはこれを信じたのだが、実はこのときたった一八名の遊撃兵しかいなかった。

マシューズはカストロたちの革命運動に、スペイン内戦時と同様、「ファシズムに対抗する英雄的な自由への戦い」という大義を再び見出したのであろう。異なるのは、今度こそ勝者の側についたということだった。彼はキューバ革命がメキシコ革命よりも長く波及効果があり、フランス革命以来の永続する革命になると信じていた。

マシューズの書いた記事に対して、これはフィクションであるとするバティスタ側の反論が、当時ニューヨーク・タイムズ紙のライバル紙であったニューヨーク・ヘラルド・トリビューン紙に掲載された。そこでニューヨーク・タイムズ紙は、カストロのサインや、マシューズがカストロを取材している写真を掲載して応戦した。こうして掲載されたサイン・写真入り記事は、米国で大きな反響を呼んだ。

マシューズの後、CBS放送のロバート・テイバーらがそれに続いた。ゲリラ取材のために、重い機材が山中へ運ばれた。カストロ側は、どのような人々が取材に来るのかさえ知らなかった。彼らのドキュメンタリーによって、カストロはさらに「カリブのローレンス」やロビン・フッドのようなヒーロー・伝説の人のように祭り上げられていくこととなった。

†政治任命の大使たち

では、米国の外交筋のキューバへの態度はどのようなものだったのだろうか。

歴代の駐スペイン米国大使を分析していると、一見すると本省からの訓令で官僚的に外交政策が行われているような中規模の大使館でも、そのトップに立つ大使のリーダーシップや外交官としての素質によって、接受国との関係が微妙に変化することがよくわかる。

とくに大統領選挙協力者への報酬としての政治任命が多い米国の大使においては、なおさらである。こうした政治任命の大使は任地の言葉を話さないことが多く、新聞記事や政権党からの情報のみを鵜呑みにして本省に報告しがちである。一九七〇年代、米国のそうした駐ポルトガル、ギリシャ、スペイン大使は、独裁政権下の南欧での共産党勢力拡大やポルトガル革命などをあらかじめ察知できなかった。

革命前、キューバには前述のガードナーが政治任命されていた。ガードナー大使は、英国の歴史家ヒュー・トーマスに対して「山中のフィデル・カストロを殺すためならば、CIAでもFBIでも送る用意がある」という不用意な発言を行ったほど、カストロに対し強硬な姿勢を示した。その一方バティスタは、米国の軍人を招待するなどして、米国との強い絆を国内外にアピールしようとした。

「バティスタと懇意になりすぎたガードナーが大使では、ポスト・バティスタ時代に米国の立場が危うくなるだろう」として、マシューズはジョン・フォスター・ダレス国務長官に、同大使を解任すべきだと論じた。これが功を奏したのかは不明であるが、ガードナーは解任された。

ガードナーの後任には、当初チャールズ・ボーレンの名が挙がっていた。彼はキャリア外交官であり、しかも第二次世界大戦中の東京や冷戦期のモスクワ（大使）での勤務をこなしていた。封じ込め政策を推進した、いわゆるザ・ワイズ・メンの一人である。しかしボーレンは、当時キューバよりも優先度が高いとされたフィリピンの大使に任命された。共産圏やソ連に詳しいボーレンがキューバに駐在していたとすれば、その後の歴史は変わっていたかもしれない。

最終的にアイゼンハワー大統領と親しく、大統領選挙の際資金繰りを行ったビジネスマン、前述のアール・スミス大使が任命された。この任命によりキューバとの新しい関係構築の意図を示したかった米国だが、「腐敗したバティスタとそれを支援する米国」というイメージは、すでにキューバ国民に広く認知されていた。またスミス大使も政治任命だったため、外交に関しては素人でスペイン語も話さなかった。スミス大使は国務省で、カリブ・中米担当のウィリアム・ウィーランド課長（キューバ在勤一二年の経験がある）に勧められてマシューズと会い、国務省とマシューズの意見が同様であることを確認した。後述するように、当時の国務省は、大統領府とは異なり、反バティスタ・親カストロの立場をとっていたのである（ただし、ウィーランドはのちに上院調査小委員会での証言で、「マシューズには二、三回会っただけで、彼は我々の政策に反対していた」、つまり国務省の意見とマシューズの意見は同じではなかったと述べた）。

バティスタに批判的になったマシューズは、スペインと同様なことがキューバで起こっていると感じていたようだ。つまり独裁政権対共和派勢力、という構図である。マシューズの見立てでは、カストロ側に十分な軍事力はないが、汚職にまみれたバティスタ政権は内側から腐っていき、米国から直接・間接的なバティスタおろしの力が働くことによって政権が倒され、カストロが政権を握るというシナリオであった。

なお駐キューバ・スペイン大使ロヘンディオは、スミス大使に批判的であった。スミス大使夫妻は米国の経済的利益だけに注目し、ニューヨークの最高級ホテル、ウォルドルフ・アストリアで「キューバ人のため」と言いつつ空虚なチャリティー・パーティーを開催していた。のちにスミス大使は、フロリダ州のリゾート地、パームビーチの町長（任一九七一〜七七）となる。

†リベラルな国務省

このように革命前のキューバに対する米国政府の姿勢は、必ずしも一枚岩ではなかった。冷戦の深化に伴い、米国の大統領府では強い独裁者を必要悪として容認していた。軍部も、スペインへ基地を建設する必要性を主張していた。スペインにおけるフランコの存在のように、バティスタも現地の米国資本を守るためには必要な存在であった。

ところがキューバ革命前の国務省では、反バティスタ・親カストロ色が濃厚であった。当時の国務省の役人によれば、国務省はあたかも反バティスタを掲げるカストロの大義に賛同し、協力しているかのような雰囲気があったという。

スミス大使の証言によれば、正確には国務省の幹部は一九五八年後半までキューバ情勢に興味を持たず、幹部でない人々は反バティスタだったという。当時スミス大使の意見具申は聞き入られず、国務省との間に意見の相違が生じていた。また在キューバ米国大使館の中にも、バティスタ追放に賛成したＣＩＡ、外交官がいた。カストロの国際主義者としての革命関与の経歴、反帝国主義活動を重要視しなかったのである。それどころかＣＩＡも政府（とくに国務省）もカストロが「良好な対米関係を望んでいる」との先入観を有していた。

当時米国には比較的リベラルといわれた国務省も含め、スペイン内戦の大義を維持する左派が一定数存在していたのである。ラディカルな知識人たちは、キューバなど第三世界に共感と憧れを持っていた。冷戦期マッカーシズムの赤狩りに悩む知識人たちは、外に何らかの出口を求めていたのである。たとえば米国労働総同盟・産業別組合会議（ＡＦＬ－ＣＩＯ）などの労働組合や「スペイン難民支援」などの団体は、共産党系ではない亡命スペイン人を支援していた。また米国の社会学者ライト・ミルズは、革命の教条ではなく革命の「正義」のため、キューバ革命に共感していたという。

そしてこうした影響のためか、一九七〇年代前半にも、スペイン人から見れば国務省は「ヘミングウェイの小説から出てきたような社会・経済的に立ち遅れたスペイン」のイメージを維持していたのである。

一九五八年のキューバは、反政府ゲリラ活動のため政情が不安定であった。バティスタは米国の支援を当てにして一一月に形だけの選挙を行った。スミス大使は国務省を説得しようとしたが、国務省は傀儡政権を支援しようとはしなかった。一二月一七日、大使はキューバ国内をまとめられないバティスタへの支援は不可能だと説得しなければならなかった。さらに米国は手のひらを返したように態度を変え、バティスタのフロリダへの亡命受け入れも拒否した。結局バティスタは大金を持って、まずドミニカ共和国、ポルトガルへ亡命し、一九七三年に避暑に訪れていたスペイン南部のリゾート地マルベーリャにおいて心臓発作で死去したのであった。

†リベラルとスペイン内戦

一九五九年一月七日、カストロの新政権を承認した米国は、新政権に希望的観測を持っていた。前述のように、むしろスペインのほうが遅れて新政権を承認したくらいであった。スミス大使は一月三日、キューバ大統領府の階段でマシューズとすれ違った。それはただちにマシューズによって国務省に伝えられ、スミス大使はバティスタ軍を支持するために行ったのかと国務省のウィーランド課長にたずねられた。大使はこれをもって、マシューズと国務省の連絡が密である証拠であると感じた。

米国は、新大使を任命することにした。スミス大使の後任フィリップ・ボンサルの父親は、米西戦争時キューバ駐在の特派員であった。ボンサルは、スミスらとは異なるキャリア外交官であり、リベラルという触れ込みで一九五九年二月、キューバに着任（〜六〇年一〇月）した。彼はすでに一九三八〜三九年、三等書記官としてキューバへ赴任した経験があり、一九四六年三月〜四七年六月までスペインで臨時代理大使、その後コロンビアとボリビア大使を歴任していた。その他にも本省でラテンアメリカ課、キューバのＩＴＴでの勤務経験もあった。つまりスペイン語の使い手であり、情報がとれる人であるということだ。

ボンサルは米国では期待されたリベラル派の大使であったが、スペインにおいては、フランコ政権による評価は当然低かった。フランコ政権は、前述のようにスペイン内戦時・終結直後には反自由主義を掲げていた。駐ドミニカ共和国スペイン大使、サンチェス・ベーリャは、ボンサル新大使を酷評した。いわく、ボンサル大使は一等書記官としてスペインに勤務した際、スペインを民主化しようとした「我々の旧来の敵」という。フランコ政権下では、ボンサル大使は「反フランコ運動に関わり、反体制派と関わっていた疑いがある危険人物」とされていたのである。スペイン内戦は、ここでもスペイン・米国・キューバ関係に影を落としていたのである。

†米国に友好的に見られたカストロ

バティスタ政権が倒されてから、ラウルやチェ・ゲバラによるバティスタ派の処刑が行われた。これは米国議会などでは激しく批判された。

その一方でフィデル・カストロは「真実報道作戦」と称して、三八〇名ものラテンアメリカ記者・外交団を前に、赤十字への敵軍負傷者引き渡し、革命軍による負傷者手当などを強調しつつ、反革命キャンペーンをうっている敵を糾弾し、祖国そして「我々のアメリカ」という大きな祖国に対する強い思いを訴えた。バティスタという敵を倒した革命軍は、次なる「敵」を必要としていた。

革命直後の一九五九年四月に、カストロはニューヨークを訪問した。その際の米国メディアの報道ぶりは好意的で、米国世論は親近感を持ってカストロを迎えた。当時マシューズもボンサル大使も、カストロは共産主義者ではないと思っていた。ジャーナリスト、シュルツによれば、通常ラテンアメリカで新たにリーダーとなった者たちは、米国に経済援助を乞いにくるが、カストロは例外だったという。カストロは、主にラテンアメリカのナショナリズムとは何かを米国人たちに知らしめようとした、というのである。ただし、経済専門家や金融関係の閣僚は同伴していたのであるが。このとき、国防総省は政府要人との会見の通訳として、その後アイゼンハワー大統領のスペイン訪問（同年一二月）に同行することとなるウォルターズ（第一章参照）をカストロに同行させた。

アイゼンハワー大統領は「ゴルフ休暇中」であり、カストロと会おうとしなかった。そのためニクソン副大統領は、カストロと二時間半も話し合わねばならなかった。しかし重要な合意は何もなされなかった。ニクソン副大統領は、カストロが説明したキューバの農地改革案で彼を「共産主義者」と決めつけ、キューバ革命を清算しなければならないとするレポートをアイゼンハワー大統領に提出した。

ワシントンで会談するカストロとニクソン副大統領（右）（1959年4月19日、Photoshot／時事通信フォト）

しかしカストロは後にシュルツによるインタビューで、当時自分はマルクス・レーニン主義から影響を受けていたことは認めつつも、モンカダ兵営襲撃・革命のときはキューバで社会主義革命を行うのは喫緊の問題ではなかったと述べている。カストロの側から見ると、米国は農地改革の話をするとただちに共産主義者だと決めつけ、キューバ革命を潰しにかかってくるように思えた。

その後の展開を考えると、スペイン内戦に中立的だった米国が結局はフランコ政権を利したように、キューバでも内政不干渉という名の下、カストロを間接的に支援したことになった。そしてバティスタを倒したものの、カストロを共産主義に追いやったのも米国だったように感じられる。

マシューズも一九六一年に出版した著書で、「共産主義はキューバ革命の大義ではなかった。それは革命の結果だった」「カストロは米国と対抗するために共産党という名の自分の政党をつくり、ソ連の支援を得ようとした」と述べている。後に一九九一年、二〇〇三年に出版された他のジャーナリストや駐キューバ英国大使の著書もこの見方に賛同している。

共産党との関係や米国資産の接収について否定的に答えたカストロに対し、米国の議員団からは「これからは新しい友人だ」という発言も出たほどである。カストロの米国への友好的な態度が「非常に良い印象」を与えたということを、在米スペイン大使館は本国へ報告している。ロヘンディオ大使も、カストロの米国訪問について同様に報告した。キューバ国内では、保守から極左のマスコミまでこの訪問を賞賛していたという。

一九六〇年八月末、上院の小委員会において、ガードナー、スミス両大使はキューバに関して証言した。このうちガードナー大使は、「自分がキューバ大使の時代には、国務省はマシューズの報道に大いに影響されていた」と証言した。彼は国務省に対して、バティスタは米国の友人であると繰り返し主張していたが、国務省に自分の意見具申が無視されていると思えたのである。

スミス大使は、カストロを権力の座に就かせたのは、国務省・政府・議会・世論・メディアだと思われると述べた。つまり、国務省のラテンアメリカ担当次官補ロイ・ルボトム（スペインに勤務した経験あり、ボゴタ騒動の際にはコロンビア勤務）とウィーランド課長が、議員、メディア、親カストロ・革命派などの圧力を受けて親カストロの政策をとったのだという。

キューバを去ってから、スミス元大使はようやく気づいた。一九六二年に出版した本で、「国務省の対キューバ政策の失態は、キューバを日々追う国務省の役人の左傾化によるもの」であると述べている。すなわち、国務省は自分たちの見たいようにカストロおよびカストロのキューバを解釈した。そのため、大統領と国務省はキューバで起きていることに注意を払わず、キューバは共産化し、手遅れになってしまったというのである。

またスミス大使は、カストロに共産党の「前歴」が見られると警告していたのにもかかわらず、国務省が中立的な政策をとってしまったため、この中立はカストロに有利に働くことになったと述べている。

表現の自由があるはずの米国では、一部の情報が過大評価されて用いられてしまった。その一方でカストロは、マシューズとのインタビューを用いて、ジャーナリズムの力を最大限に利用した。そして皮肉にも、情報が錯綜するキューバでの情報収集能力においては、表現の自由がないフランコ・スペイン出身の大使たちのほうが、米国大使たちよりも優れていた。同じ言語を話すという理由もあるだろうが、フランコ政権出身の大使たちは、そもそもジャーナリズムに不信感を抱いていたから、他のチャンネルから正確な情報を得られたのかもしれない。

だが実はそのほかにも、後述するようなさまざまなチャンネルが存在していたからでもあろう。中でもスペイン人移民はもちろん、スペイン内戦と亡命スペイン人たちの存在が、スペインとキューバの特別な関係、そして米国・キューバ・スペインの関係に対して与えた感情的な影響は、現在の我々の想像以上のものがあったようだ。

第三章

独立自尊——カストロ・キューバをめぐるスペインの独自外交

1　親革命政権のバチカン

†ペレス・セランテス大司教のガリシア人気質

本章では、フランコ・スペインが革命後のキューバをめぐって革命前後から一九六〇年代前半に繰り広げた独自外交について、バチカンの動きも絡めつつ見ていきたい。具体的な動きを見る前に、その前提となるスペインとキューバの共通項であったカトリック教会とバチカンについて、革命前の状況にも言及しつつ、基本的事項を解説しておこう。

すでに述べたように、カトリックとカストロには無視できない関わりがあったが、スペインでは軍人フランコがカトリックを国教に定めていた（第一章参照）。

革命前後のキューバの宗教界では、捕虜となったカストロを救った人物として、前章で紹介したペレス・セランテスの存在が大きかった。彼は、最もモラルで動く司教と言われていた。

スペインの歴史学者イグナシオ・ウリーア（キューバの教会が所蔵する史料を用いて『キ

ューバにおける教会と革命』を著した）は、ペレス・セランテスのカストロ観をこう分析している。まず、ペレス・セランテスは、カストロの中に、カトリックを国教にした軍人フランコの思想に類似したものを見ていた。しかし、カストロに対して「（フランコのような）独裁者になれ」とはペレス・セランテスは言わなかった。なぜなら民主主義者の彼は、大司教としてキューバの問題を解決するためには、「七月二六日運動」が綱領としていた自由選挙と政権交代が可能な社会が必要だと考えていたのである。

ここでペレス・セランテスの生涯を、簡単に紹介したい。彼もガリシアから一九〇一年、徴兵を避けてキューバに渡った一人であった。カストロの学ぶことになるイエズス会のベレン校で、一〇代のペレス・セランテスは懸命に下働きをし、その後ローマで学んだ。

彼の労働者に対するさまざまな活動は、一八九一年のレオ一三世の回勅（資本と労働の権利と義務）に基づいて行われた（それ以来、ローマ教皇は行き過ぎた資本主義の弊害についてたびたび警告するようになった）。

そしてペレス・セランテスは、キューバ革命以前から、多くのカトリック信者が共鳴していた、反バティスタ活動を行う市内の運動と密接にコンタクトを取っていた。マエストラ山脈にゲリラを訪ねたときには、その規律、最新兵器そして厳格なモラルに驚いたという。

彼を山中に送り届けるため、ルイージ・セントス教皇大使（当時ハバナの外交団の中で最長老の七六歳、一九六二年にローマ教皇庁に戻り要職、副カメルレンゴに任命された）はスミス米国大使に対して、米国が仲介者となってほしいとか、ペレス・セランテスらが山中へ行くため海軍のヘリコプターを貸与してほしいなどとも要請した。しかし米国側は「内政不干渉」を理由に、常に否定的に答えていた。

サンティアゴ・デ・クーバの大司教となったペレス・セランテスは、他方でバティスタ政権側とも接触していた。たとえば彼は、一九五三年のモンカダ兵舎襲撃に失敗しカストロらが捕まったときに登場した、チャビアーノ大佐（第二章参照）の訪問を頻繁に受けていた。彼にとって最重要事項は教会の権利を守ることであったので、バティスタ派、反バティスタ派双方と接触していたのである。皮肉っぽく、それほど大ごとではないように「ガリシア人はこうだからね」と言っていた。

フランコ政権の派遣したロヘンディオ大使も、革命前からペレス・セランテスを、「キューバで非常に名声を博し人気があり、近年の暴力沙汰の収拾に尽力している」と評価していた。しかし一九五〇年代後半、ペレス・セランテスの命に従って反乱地域に入る宗教者たちの中にはスペイン人もいたので、大使には頭痛の種であった。というのもスペイン人が反乱側にいるというイメージを与えるのは、バティスタ政権にスペインによる内政干渉ととられるかも知れず、外交問題に発展する可能性があるからだ。

反対に反乱軍側にとっては、教会がこちら側にいるというイメージを与えるのでこうした状況は好都合であった。前述のようにフランコ政権も、第二次世界大戦後を見越して、政権のファシズム色を薄めるべく、一九四五年、カトリック全国布教者協会（ACNP）に所属していたアルベルト・マルティン・アルターホを外相に任命（〜五七）し、一九五三年にはバチカンと政教協約を結ぶことに成功し、徐々に世界に認められていったという経緯があった。

†バチカン、米国、スペイン

二〇一四年末のオバマ大統領とラウル・カストロの歩み寄りの際と同様、キューバ革命の際もバチカンが国際政治に関わっていた。「解放の神学」（後述）の徒であったブラジル司祭、ベットとのインタビューにおいてカストロは、革命当初からバチカンとキューバとの関係は非常に良好で、当時カトリック教会とさまざまな問題が生じたときにも、キューバに駐在する教皇大使からの支援があったと述べている。

キューバ革命前、すでに政治情勢が悪化していた一九五八年三月一〇日、セントス教皇大使は米国のスミス大使に対して、「現状ではキューバでの民主的な選挙の開催が不可能であるので、『七月二六日運動』も含むさまざまな政党を包含する統一政府を形成すべき」と強調していた。後にスミス大使の著書でこのことを知ったマイアミのスペイン総領事は、バチカンが関与していた点やマシューズによって国務省の意見が左右された点が興味深いとして、スペインの外務省本省へ同書を送付している。

革命直前の一二月には、スミス大使も「セントス教皇大使を通じて、教会がキューバの内戦状態を平和裏に解決できるよう要請すべき」とワシントンに進言していた。具体的にはバティスタの任期が切れる一九五九年二月までに暫定政府を擁立し、六カ月以内に選挙を開催し、米州機構(OAS)の選挙監視委員を受け入れるという案であった。こうすることで、バティスタは任期を満了できず、カストロも権力の座に就かず、しかも米国がキューバ内政に深入りしないで済むのである。

しかしこれは実現しなかった。スミス大使によれば、教皇大使はバティスタとカストロの懸け橋になろうとし、米国にも支援を求めてきた。教皇大使は平和的解決を幾度も探ってきたのである。スミス大使も個人的には、米国もOASもこの仲介イニシアティブを支援すべきだと考えた。だが、国務省は、キューバ問題に関し一枚岩ではないローマ・カトリック教会の仲介に疑問を持っており、その仲介が成功すると保障されているときに限り、支援するとの立場だった。国務省の基本は、内政不干渉であったのだ。

同じく内政不干渉を掲げていてもカトリックを国教とするフランコ・スペインは、米国政府よりはバチカンと協力的に動けたようである。一九五八年三月二一日、ロヘンディオ大使はセントス教皇大使の訪問を受けた。セントス教皇大使によると、ペレス・セランテス大司教が、バティスタ夫人に対して「キューバおよびバティスタ大統領と家族のためには、速やかに大統領職を辞任することが事態収拾のための唯一の道だ」と述べたという。セントス教皇大使はこれを受けて、外交団も集まり議論すべきだと意見したのである。内政干渉ではなく、友好関係から何か行うのだと言ったのだった。

しかしロヘンディオ大使は外交団として、他国の内政干渉に反対であったため、セントス教皇大使を説得し、まず自分と友好的な関係にあるキューバの外相をセントス教皇大使に紹介することとした。その後革命軍がハバナに到着した翌年一月一日に、長老のセントス教皇大使を中心にブラジル、米国、チリ、スペインの大使、そして後にアルゼンチンの大使が加わり、今後の情勢の進展、とくに外交特権に関し話し合うための委員会が結成された。

†いつか来た道

すでに述べたように、カストロとカトリックの関係は、外側から見れば矛盾をはらんだものであって、良好に推移することは必ずしも自明ではなかった。

ところが不思議なことにスペイン人たちは、カストロとカトリック教会の関係には問題は生じないだろうと楽観的に見ていた。バティスタ政権に弾圧されていたカトリック教徒の大学生や労働者がキューバ革命に貢献していたため、駐ドミニカ共和国のスペイン大使、サンチェス・ベーリャ（第二章参照）も、革命後のキューバにおいてもペレス・セランテス大司教やカトリック教会の立場は問題ないだろうと予想していた。「カストロは間違いなくカトリックのメンタリティーを持っているので、教会とカストロ政権は対立しないだろう」と見ていたのだ。カストロは、ナポレオンやモンテスキューにしばしば言及し、ベレン校の教師によれば「聡明で荒々しく分別がない生徒ではあったが、リーダーの資格があり、非常に混乱はしているものの宗教的知識があった」からだ。

そしてサンチェス・ベーリャ大使は、教会関係者の中ではペレス・セランテス大司教がカストロに影響力を持つだろうとまで予想していた。キューバの司教たちもカストロのモンカダ兵営襲撃時、彼の命を救ったペレス・セランテスに期待した。しかし残念ながら後述するようにその期待通りにはならなかった。

一方で、フランコ政権のロヘンディオ大使は異なる見方をしていた。確かに「七月二六日運動」は、キリスト教徒も共産主義者も含む雑多な集団であった。しかしロヘンディオ大使は、革命直後一月二六日にフィデル・カストロの弟ラウルが、革命軍に影響力のあるはずのペレス・セランテスを介さず、同じく戦闘員であったビルマ・エスピンと世俗婚を行ったことで、革命軍の世俗性を危惧し始めたのである。

というのも、スペインでは第二共和制が成立した後、国教が廃止されて世俗婚が認められ、共産党が権力を握った過去があった。そうした過程を周知しているロヘンディオ大使としては、これは「いつか来た道」であった。何か悪い予感がしたのであろう。

2 独裁政権の大使、民主主義を説く

†「黒い伝説」

ではいよいよ、キューバ革命に向けてのスペインの動きを見ていこう。

前述のように第二次大戦後の世界で孤立したフランコ政権は、スペインの国際社会への復帰に向けて、米国に対抗してプレゼンスを強化しようとした。そこで、ラテンアメリカ諸国に対して「スペイン性（イスパニダー）」、すなわち共通の歴史・言語という文化的側

面を強調しようとした。

そしてラテンアメリカでもとくにキューバに対して、良いイメージをアピールしようとした。一九四五年、マドリードにヒスパニック文化研究所を創設し、前述のサンチェス・ベーリャ大使を所長に任命した時代もあった（任一九四六〜五六）。

カトリック両王時代（第一章参照）を念頭に置くフランコ政権は、中央集権制をとった。カタルーニャ語などは公文書、公の場での使用が禁じられた。ラテンアメリカ諸国のカタルーニャ人会が、反フランコ体制の立場をとっていたのはそのためである。ラテンアメリカ諸国ではカトリックやカスティーリャ（マドリードを含む中央部）的要素が色濃いマヌエル・デ・ファリャの作品（バレエ「三角帽子」など）やイサーク・アルベニスの「イベリア」などが上演・演奏された。とくにキューバでは、スペインのコーラス・舞踊は多くの観客をひきつけた。

バティスタ期にスペイン大使ロヘンディオはこう述べている。「キューバはスペインとは交流があるが、ラテンアメリカの中では孤立している。そのためキューバでスペインのプレゼンスと名誉を護るのが、スペイン性（イスパニダー）の大義である」。そしてスペインがラテンアメリカでプレゼンスを高めリーダーシップを発揮するため、文化をキーワードとして価値観を広め共有し、相互交流プログラムを発展させ、共同で情報交換センター

キュー
外務省
ーリ
イン
してし

……キューバには、フランコ政権の敵である亡命スペイン人・フリーメイソン・共産党員がいる。彼らの影響力を抑えなければならない。

さらには昔の「黒い伝説」も残存していた。これは、長い歴史を通じてスペイン人は残虐かつ不寛容であるなどと誇張・捏造する言説である。もともと異端審問やラテンアメリカ征服後の残虐行為に関して一六世紀頃からあったものだが、さまざまな時代にスペインの敵国によるネガティブキャンペーンとして利用された。ラテンアメリカではとくにスペインの残虐性を告発したものとして健在だったため、放置しておくとフランコ政権が打ち出したいイメージが根づかないとカルデビーリャは危惧した。そのためフランコ政権によって、キューバを中心にしてとくにカリブ地域にスペインのプラスのイメージを大々的に広めるべきだと彼は考えたのである。

ロヘンディオ大使は、キューバのマスコミに入り込むことに成功したカルデビーリャの業績を賞賛している。彼の努力によって、少なくとも革命前のキューバはフランコ・スペインに好意的だったのである。

†共産化への疑念

当初フィデル・カストロを絶賛していたロヘンディオ大使も、一九五九年一月の革命後、次第にカストロ政権に疑念を抱くようになっていった。すでに三月末には、キューバが共産主義への道を歩んでいるのではないかと危惧していた。いったん敵となった者を粛清したり、中流階級を排除したり、巨大な富を創出する者を滅ぼすなどは、共産主義者に見られる手法だったので、根底に共産主義があるに違いないと考えるに至ったのである。

またカストロのスピーチには理想主義者的な表現がちりばめられており、大使にはデマゴーグではないかと感じられた。「精神異常の熱狂しすぎた未熟な人が、助言も批判も受け入れずにいると、危険なデマゴーグに容易に陥りやすい。そのため、カストロの行動も革命を汚して共産主義だけを利するのではないか」と危惧したのである。

ロヘンディオ大使は革命直後までカストロを絶賛していたにもかかわらず、一転して見方を変えたのである。周囲は依然として革命に熱狂しているにもかかわらず、にである。

なんと覚めた観察だろうか。しかしロヘンディオ大使にとっては当然の、適切な観察であった。なぜなら彼は、共産党が力を持っていたスペインの第二共和制期およびスペイン内戦のあった一九三〇年代を生きて、フランコ政権のプロパガンダにも精通していたからである。革命前の一九五二年からキューバに赴任していたことを考え合わせると、なおさら当然だった。

アイゼンハワーのスペイン訪問（1959年12月）
上　アイゼンハワーとフランコ
下　アイゼンハワーを歓迎する写真が掲げられた門

一方、カストロは、米国のアイゼンハワー大統領が一九五九年一二月にフランコ政権下のスペインを訪問したので、両者が共謀しているのではないかと疑うようになる。確かにフランコ政権は、二人が写った写真を使って米国の後ろ盾があることを国内外にアピールしていた。だが、両国はキューバに対して共謀しているわけではなかった。

†ロヘンディオ大使、民主主義を説く

一九六〇年一月二〇日夕刻、風邪気味のロヘンディオ大使は、カストロがいつものように長々と演説しているのをテレビで見ていた。カストロは、米国大使館（ボンサル大使――第二章参照）とスペイン大使館（ロヘンディオ大使）が反カストロ運動を支援していると非難していた。そしてスペイン人の司祭がいる教会の中にも反政府派が潜んでおり、大使館もそれに絡んでいる、と述べたのである。

確かに同月七日、カルデビーリャ参事官がスペイン大使館で司教の集まりを開催したのは事実であった。しかしそこでは、カストロ政権に対して何か挑発しようという意図はなかった。一時間以上にわたる会合の最後に、「十字軍」の精神に基づいたフランコ政権への団結宣言を大使に手渡すという、フランコ政権とカトリックの結びつきを確認するものであった。

バスクの血が騒いだのか、まるで無実の罪を擦りつけられたかのように、ロヘンディオ大使は生放送のテレビ局へ反論に押しかけた。いつも長いカストロの演説は、大使が駆けつけるまで続くに違いなかった。

スタジオに押しかけ「(反論できる)これが民主主義だ、司会者が進行を差配するのだ!」と述べた大使に、カストロは冷ややかに「欧州一番の独裁国の大使が、私に民主主義について説くのか」と言ったところで画像は打ち切られた。しかし音声はしばらく放送されており、大使が「嘘つきだ!」と叫び、罵声の飛び交う様子が報じられた。六分後に画像が再開されたときには、ロヘンディオ大使はすでにスタジオの外につかみ出されていた。

ロヘンディオ大使はペルソナ・ノン・グラータを言い渡され、二四時間以内にキューバを立ち去るように命じられた。そしてキューバは、駐スペイン大使を召還した。それ以降、駐スペイン大使が再度任命されるのはフランコ政権末期の一九七五年を待たねばならない。

米国のスミス前大使はすでにキューバにはいなかったが、この事件に関して「ロヘンディオ大使の態度はまったく外交官的ではないが、スペイン人の一人として、国家元首になった元チンピラの悪意ある非難から、祖国の名誉を守るという自尊心を考えると、まったく普通のリアクションである」と言っている。

また当時キューバで生放送を目撃したボンサル大使は、翌日「勇敢で、貴重な旧友・同僚」のロヘンディオ大使を訪問した。そこをとらえたマスコミは、この事件の陰には米国がいる、と書きたてた。

†国交の維持

事件の後、たとえばペレス・セランテスのようなスペイン出身の司祭を非難して「ファシストの司祭」というような表現がキューバでは見られることがあるが、実際はフランコ政権＝ファシストではないし、フランコ政権内でもファシストのファランヘ党とカトリック派閥は、別のグループであった（第一章参照）。

大使は召還されたままでも、スペイン・キューバ二国関係はその後まるで何事もなかったかのように継続していく。ラウル・カストロはゲリラを指導したバヨに対して、テレビ・ラジオにおける反スペイン・プロパガンダを控えるようにさえ命じた。またキューバ政府は、亡命キューバ人、とくにメキシコからの活動も阻止し、キューバのマスコミはフランコ政権批判を控えるように命じられた。キューバ政府がロヘンディオ大使という個人の問題に集中できるようにであった。そのためか、スペインの国営エアラインであるイベリア航空も問題なく発着していたし、キューバ国内では大使館が本省に特別に報告するような事件は何も起こらなかった。

この事件に対し、フランコはスペインのフェルナンド・マリア・カスティエーリャ外相に対して、「外相の貴方が適切だと思われる措置をとってほしい。キューバに対しては、国交断絶以外なら何でも」と言った。そしてカスティエーリャ外相は、スペインの政策は他国の内政——とくに「キューバのようなアミーゴ（友人）の国」——に不干渉である、と在キューバ・スペイン大使館へ政府の方針を通達した。こうして国交が維持されたのである。

その一方で翌一九六一年二月にフランコは、「大使というものは、自分が代表する国の政府にあらかじめ通知せずに、極端な暴力行為で反応することは決してあってはならない」とも言った。スペイン人のキューバ研究者マヌエル・デ・パス・サンチェスによると、フランコはロヘンディオ大使の行為を理解したり許したりしたくはなかったが、同時に大使は国・フランコ政権・教会の名誉を守ったので糾弾したくなかったのだろうと分析する。ロヘンディオ大使はその後スイス、イタリア、バチカン大使に次々と任命されたので、左遷されたとも言えないだろう。

しかし後にロヘンディオ大使の「キューバ共産化」への懸念、そしてカストロの「スペイン大使館の中のスパイ」への懸念がやがて現実になるときがきてしまう。

3　バチカンとスペイン外交

†教会との対立

ロヘンディオ大使の懸念通り、農地改革・米国資本の接収などが次々に行われ、キューバでは革命後次第に革命政府のカトリック教会離れ、共産主義への接近が進んだ。

一九六〇年一〇月、キューバは米国の資産を接収し、翌年一月三日、米国はキューバと国交を断絶した。四月一五日、米国CIAが支援する亡命キューバ人の反革命軍がキューバを空爆すると、一六日にカストロは「社会主義革命宣言」を行った。一七日には反革命軍の侵攻事件、ヒロン浜侵攻事件（いわゆるピッグス湾侵攻事件）が起こる。カストロ政権がこれを撃退したことで、国内では革命後の団結が強化され、キューバは社会主義への道を歩み始めることになった。

このとき現場の反革命軍の侵攻部隊に従軍僧が幾人かいたが、事件後には約二五〇名の宗教者がキューバで逮捕された。一方一九六一年から約二年にわたって、キューバとマイアミのカトリック司祭が関わり約一万四〇〇〇人のキューバ人の子供たちが米国へ連れ去られた。いわゆる「ピーターパン作戦」と呼ばれる陰謀である。「キューバ政府が親権を奪って子供たちをシベリアへ送る」というデマが流れていたのである。しかし連れ去られた子供たちは住む家もなく、悲惨な生活を送ることになってしまった。このような事実の積み重ねで、キューバ政府も教会に不信感を抱いていく。

一九六一年五月、カストロ政権はフィデルと弟ラウルが学んだベレン校を兵舎にすることにし、私立学校を全廃し国有化した。そして教育を無償化したのである。ペレス・セランテス大司教は、今まで築いてきたカストロ政権とのチャンネルを使って宗教教育の権利を要求したが、その努力は実らなかった。カストロは、反革命派の金持ちの子弟が通うカトリックの私立学校を反革命活動の拠点であるとみなしたため、これらを一様に国有化したのである。九月には、キューバの守護聖母であるコブレの慈悲の聖母（褐色の聖母をインディオと黒人の子供が発見したという）の祭りで反革命派とキューバ政府が対立し、死傷者が出た。数日後、一三〇名ほどの宗教者が追放された。

カストロによれば、カトリック教徒を排除するのではなく、潜在的な反革命家を排除したのであって、反宗教が狙いではなかったという。一連の「教会と革命政府の衝突」は、カトリック信仰と対立したわけではなく、問題はカトリック教会の組織にあったというのである。ホセ・マルティの言うように「人を怨むのではなく、システムを憎む」という理論であろう。亡命してカストロを糾弾した妹ファアーナによると、カストロ政権は財産を没収し宗教教育を行う学校を閉鎖し、多くの宗教者を追放したが、宗教集団を根絶しなかったのは、対外的なプロパガンダという観点からはマイナスであるという理由だったそうだ。

†それでもスペインは国交を維持する——米国とバチカンの事情

カトリックを国教とするスペインは、外交舞台でバチカンと他国の間の仲介者となることも、またバチカンに仲介を依頼することもあった。なぜスペインとキューバは国交を維持したのかという理由の一つに、米国政府とバチカンがそれを望んだからとの見方もある。

一九六〇年夏、キューバとスペインの関係が悪化したとき、在キューバ・スペイン大使館は、「ここがスペイン人や宗教者の唯一のコンタクトポイントで、希望の場所だ」と主張した。事実その通りであり、大使館閉鎖はありえなかった。

カルデビーリャ参事官は、「もし宗教者たちが追放されても、状況が許すならば、米国の介入を避けるべき」とした。スペインが宗教者たちを庇護していることを、ラテンアメリカ中にアピールするためである。ラテンアメリカにおける米西の勢力争いが念頭にあったのだ。同年一二月には、ペレス・セランテス大司教が拘束されたとの噂も、米国のマスコミにより報じられた。スペインのマスコミもそれを強調したが、キューバ当局によって否定され、「ファランへの司祭の捏造」だとされた。

一方、翌年一月にキューバとの国交を断絶した米国は、情報を得るためスペイン大使館を使用したかったし、バチカンはキューバにおけるカトリックの影響力が減少することを危惧したため、何としてもスペイン大使館を同地に残したかった。教会とカストロ政権の関係が再度危うくなる一九六二年にも、スペイン大使館の見方によれば、「キューバはバチカンが外交関係を維持している唯一の共産主義国であるため、バチカンにとってもスペイン・キューバの外交関係維持は重要」であった。

また同年、キューバで捕らわれたスペイン人司祭と、スペインで拘束されているキューバ知識人との交換について、キューバのオスバルド・ドルティコス大統領がバチカンに仲介を願ったこともあった。

†国交維持のスペイン側の事情

一九六〇年のロヘンディオ大使事件を経て、翌年にもまたキューバとの関係断絶の危機を感じたスペインであったが、在キューバ・スペイン臨時代理大使は「国の威信と尊厳」と「スペイン人共同体の物質的・道徳的利害」を考えなければならないとしている。再び名誉とモラルが、国交維持の理由に用いられているのである。「とくにキューバとの関係では、我々の間の強い類似性と、我々を結ぶ緊密な関係が存在するため」という。

ここではスペインがキューバとの関係を維持する理由として、政治・経済的なもの以外の理由が強調されているが、もちろん政治・経済的な理由も存在した。スペインの対キューバ貿易収支は統計上は黒字だが、キューバ側の支払いが滞っていたため、スペインとしてはキューバの「借金踏み倒し」を避けねばならなかった。これらが外交の足かせになっているため、外務省としては早急に解決して、大使館の規模を縮小し、フリーハンドの外交が行えるようにしなければならないと考えた。

またスペイン外務省は、スペイン・キューバ二国間関係は米・キューバ関係に影響されず、キューバ内政へ不干渉の原則に忠実であることを繰り返している。その一方で外務省は、カストロ政府がスペイン人宗教者の多いキューバのカトリック教会に対して「(彼らは)ファランへの司祭たちだ」といったような非難を故意に行って、スペイン政府から国交断絶をするように仕向けているのではないかと考えた。

その当時キューバには、二〇〇〇人程度のスペイン人宗教者がいた。スペイン大使館は、もしその宗教者たちをすべて帰国させてしまえば、スペインのキューバにおけるプレゼンスが縮小すると危惧していた。バティスタ時代からスペインの広報に尽力していたカルデビーリャ情報・広報担当参事官は、キューバにおける危機を切々とスペイン外務省に訴えていた。スペイン人の司祭たちの脱出によって、キューバにおける宗教（カトリック）の状況が危機的だというのである。

カルデビーリャはこう言っていた。スペインの外交がいかに対処するかで、ラテンアメリカでの反響も異なるだろう。そのため「ただちにスペインの名誉と、我々フランコ政権の尊厳と栄光を擁護する」必要があるので、スペイン政府がキューバを糾弾すべきだと。また、スペイン外務省がキューバに滞在するスペイン人たちに対して官僚的ではなく柔軟な態度をとるべきとも進言していた。

スペインとキューバの精神的な結びつきは、政治的・経済的な結びつき以上に重視されなければならなかったのである。

†バチカンとキューバ

さてここで、キューバの側からバチカンを見てみよう。カストロは、教皇大使をうまくプロパガンダに利用した。一九六二年にバチカンとの関係が懸念された際に、セントス教皇大使・ドルティィコス大統領・カストロの並んで写った写真が何度もマスコミで報道された。あるときは、カストロがローマ教皇ヨハネ二三世へ新年の祝辞を送ったことに対する返礼に大統領を訪ねたセントス教皇大使の写真が、教皇の祝辞とともに第一面に報道された。これに対してスペイン大使館は、セントス教皇大使は儀礼的に丁寧な態度をとるだけであるのに、それをカストロ側が利用していると考えていた。キューバ側は、「マスコミ」の使い方をよく心得ていた。

一九六二年七月二三日、八〇歳に近いセントス教皇大使の後任として、チェーザレ・ザッキ教皇大使がハバナに着任した（任一九六二〜七五）。彼は四〇代後半の若手であったが、すでに社会主義国家ユーゴスラヴィアでの勤務経験があった。スペインの研究者ウリーアの分析によると、これは若い大使を送ってカストロと対話させようとするバチカンの戦略であった。さっそくザッキ教皇大使は、第二バチカン公会議（一九六二〜六五）へキューバ司教も出席できるよう取り計らうなどした。彼にとってキューバの対カトリック政策は、カトリックを迫害していたユーゴスラヴィアの比ではないほど寛容だったのである。CIAも、ザッキがカストロ政権とバチカンとの関係を改善しようとしていたことを評価した。

カストロ政権も、ザッキ教皇大使を非常に評価していた。人間的魅力にも富み、教会と革命の対立を避けようと尽力したからだという。一九六三年にも、カストロはローマ教皇と教皇大使を賞賛した。またカストロは、カトリック教会と正面衝突しないように、カトリック教会が関わると思われる事件に関し、都合の悪いときはコメントを避けた。

カストロはザッキを「キューバに駐在する外交団の中でも最も親しい一人である」と言っていた。ザッキは一九九一年にローマで没したが、そのときカストロは彼の墓に献花するよう、在バチカン・キューバ大使館へ命じた。そして毎年命日にはキューバ大使館によって献花がなされている。

ただしカトリック側も、対キューバ政策に関して一枚岩ではなかった。宗教者の一部、たとえばペレス・セランテス大司教は、教皇大使のカストロとの対話、歩み寄り政策に賛成ではなかった。スペイン大使館も、一九六六年にザッキ教皇大使を「親共産党」の人物のようにメキシコの雑誌で報道されていると述べている。というのもザッキは、カトリック教会とキューバ政府がすべての仕事において協働しているといい、フィデルのことを素晴らしい人だといい、政府・教会関係は同志的と述べていたからである。

無宗教との戦い

一九七〇年代、ラテンアメリカでは「解放の神学」が盛んになった。これは資本主義体制を批判する貧者のためのキリスト教の実践運動で、反政府運動や一部は共産主義と結びついた。しかしバチカンとしては、彼らの主張する私有財産の否定は受け入れられないものだったし、そもそも宗教を否定するような共産主義は相いれない。

その中でキューバは、バチカンが国交を保った唯一の共産主義国であった。その背景には、世界の急速な世俗化、無宗教化があったのかもしれない。たとえばバチカンは、スペイン共和国が一九三〇年代に国教のカトリックを廃止して急激な世俗化を図ったときは、関係を悪化させている。バチカンはバチカンで、「無宗教」地帯の拡大を阻止するという冷戦を闘っていたのではないだろうか。

一九七四年四月には、バチカンの外務評議会委員長アゴスティーノ・カザローリが一〇日間の日程でキューバを訪問した。カストロとも九〇分ほど会談している。ラウル・ロア外相（任一九五九〜七六）との会談では米・キューバ関係についても話し合った。このときの教皇大使はザッキである。カザローリは東ドイツなど共産主義国との交渉を専門に行ってきた実績を持つ。一九七五年の全欧安全保障協力会議（ＣＳＣＥ）ヘルシンキ会議も彼が提案し、バチカンが主導してきたものであった。また七月にはキッシンジャー国務長官はバチカンで教皇と会談し、その際の教皇側の関心の深い四つのテーマのうち一つが「ラテンアメリカとキューバ」であった。

一方、ペレス・セランテス大司教は、キューバと自らの天命に忠実であった。革命後は、とくに教育の自由、集会の自由、表現の自由といった人権擁護に奔走し、カストロ政権と対立することになった。しかし彼の精神は、サンティアゴ・デ・クーバ大司教の後任としてのペドロ・メウリセ大司教に伝わり、一九九八年のヨハネ・パウロ二世のキューバ訪問につながることとなった。このとき教皇は人権問題に関して政治犯の釈放を求めた。また教皇は、コブレの慈悲の聖母を訪問した。この聖母発見の四〇〇周年にあたる二〇一二年には、ベネディクト一六世が訪問することになる。

ポーランド人教皇ヨハネ・パウロ二世の時代にベルリンの壁が崩壊し、イエズス会、アルゼンチン出身で「解放の神学」にも理解を示す現在の教皇フランシスコのもとで、米・キューバ国交樹立が成った。オバマ大統領とフィデルの弟、ラウル・カストロ（フィデルより前に共産主義者だった）が接近したのも、バチカンの仲介が裏にあったためである。ラウル自身、国交回復に関してはローマ教皇庁、とくにフランシスコ教皇に感謝すると語っている。

カストロとローマ法王ヨハネ・パウロ２世
(1998 年 1 月 26 日、AFP＝時事)

このようにペレス・セランテス、ロヘンディオ大使などスペイン人たちは他国の人々にはない「カトリック」というつながりを背景に、国際的に孤立しつつあるキューバと世界の、ある意味「仲介者」となったのである。

第四章

遠交近攻——国際社会におけるキューバとスペイン

1　ケネディに対する期待

†大統領選とキューバ

ここまで、キューバとスペインの視点から両国と米国の関係を見てきたが、時計の針を革命前に戻して、本章では、キューバの側が世界に向かって展開した「国際主義」、独自外交路線および米国の対キューバ・対スペイン政策を中心に見ていく。

まず、ケネディにまつわる視点から考えていこう。ケネディは一九五七年、上院議員時代にハバナを訪問していた。スミス駐キューバ米国大使の夫人は、ケネディと昔からの「友人」であった。その当時、カストロはマエストラ山脈でゲリラ活動を行っていた。ニューヨーク・タイムズ紙のマシューズが、カストロにインタビューした頃である。

ケネディの対キューバ政策は、一九六〇年の大統領選挙キャンペーンに大きく左右された。民主党の大統領候補であったケネディは、当初対立候補の共和党ニクソン副大統領の対キューバ政策を改善すると述べていた。一方でニクソンは、「今まで適切な政策をとってきたし、これからもカストロを排除して、キューバの人々への支援を継続していく」と訴えていた。実際、大統領選のキャンペーン終了の間際まで、キューバは大きな争点ではなかった。

しかしケネディは次第に「ラテンアメリカのシモン・ボリバルの伝統を受け継ぐカストロ」という当初の好意的なイメージを捨てていった。そして一九六〇年春夏のキューバ情勢の緊迫化で、キューバ問題が争点となってきたのである。ケネディは「(ニクソン)副大統領のように、キューバが共産化するのを見過ごさない」とまで述べた。

こうして、一九六一年一月三日米国がキューバと国交を断絶した直後大統領に就任したケネディは、すでに前政権が行っていた経済封鎖以上の対キューバ強硬政策を実行せざるを得なくなったのである。米・キューバ関係が大統領選へ及ぼす影響は、二〇〇〇年選挙のマイアミ票の行方で有名になったが、実はキューバ革命前後にも見られたのである。二〇一四年末からの米・キューバ「接近」には、二〇一六年の大統領選挙までに外交的な成果をあげたいという米国側の事情も関係している。

大統領となったケネディは、キューバ革命によるラテンアメリカの左傾化を危惧して、一九六一年「進歩のための同盟」を提唱した。これは共産化したキューバを孤立させるべく、米州機構(OAS)加盟国に開発援助を行うものであった。皮肉にもこれによりラテンアメリカへ投入された額は、二年前にカストロがブエノスアイレスでのOAS経済閣僚会議でラテンアメリカへの経済援助として米国に要請し、拒否された額の三〇〇億ドルに近かった。

しかしこの援助は人民には行きわたらず、ラテンアメリカ諸国は相変わらず低成長のままであった。一九六二年一月には、OASがキューバの排除を決定した。なお二〇〇九年にはOAS総会でこのキューバ排除の決議が無効だとする決議が採択されたが、キューバは現在も復帰していない。

†スパイ小説のような事実

大統領になる直前にケネディは、映画007シリーズの原作者として知られるスパイ上がりのイギリスの作家、イアン・フレミングに、「ジェームズ・ボンドならばカストロをどのように暗殺するか」と聞いたことがあった。フレミングは冗談で三つほど提案したが、CIAはこれをまともに受けた。しかしこれらのいずれの策も成功しなかった。

バティスタ政権期、米国のマフィアによってキューバにカジノがつくられていたが、一九六〇年一〇月には閉鎖された。その結果キューバで大損失を被ったマフィアは、カストロ暗殺・政権打倒にも加担するようになった。

あるときは、カストロの服に細菌あるいは化学物質が付着しているのが発見された。女性を送り込んで飲み物に薬物を入れようとの計画もあったが、カストロに惚れていた彼女が薬を流してしまったため大事に至らなかったこともあった。

X線検査のときに、規定以上の放射能を浴びせて癌を発生させるという計画もあった。葉巻に毒を盛ることも考えられた。カストロが演説するときに、マイクに高電圧を流そうとしたのが発見されたこともあった。こうしたことが続いたため、カストロ側は、セキュリティーにいっそう神経質になっていった。

このようにCIAからマフィアまで、米国はキューバの共産化阻止やフィデル・カストロ暗殺のためにさまざまなテロ手段を講じたが、いずれも失敗に終わった。

こうした暗殺計画が実行に移されたのはケネディ政権期だった。確かにケネディはカストロに親近感を抱いていたわけではなかったが、ケネディ自身がこうした暗殺計画を指示していたわけではないようだ。

ジャーナリストのシュルツによれば、ケネディは顧問の一部からカストロ暗殺への圧力をかけられていたが「道徳的な理由から」反対したという。そしてケネディが暗殺されたまさにその当日、カストロはケネディ大統領からの伝言を持ってきたというフランス人ジャーナリストと接触していたのである。

†カストロから見たケネディ

カストロも表向きにはケネディを批判していたが、キューバ革命前後にはケネディが大統領となることに期待を抱いていた。カストロはシュルツとのインタビューにおいて、「ニクソンが大統領にならなくてよかった。なぜなら少なくともケネディには倫理観があったからだ」と述べている。ケネディはラテンアメリカ社会の不平等をわかっていたし、彼とならば話し合いができたかもしれないと思っていた。このインタビューは一九八四年に実施されたが、何代もの米国大統領——追放されたニクソンも含め——を見てきたカストロの言葉だからこそ、重みがある。

一方でカストロは、「米国、(平和部隊を創設した)ケネディにも国際主義者的な精神はある。しかし、かの地ではそれを教育しない。キューバではその精神を教育する」とも言っている。さらに、ケネディが自分の過ち(一九六一年のヒロン浜侵攻)を認めたところも評価している。カストロには、ケネディが失敗の責任をとったように思えたのである。

 事実、ケネディはこの失敗を教訓に、失敗の理由を突き詰めて意思決定の仕方を改善し、一九六二年のキューバ・ミサイル危機では同様の失敗を繰り返さなかった。同年七月、マシューズがケネディに対し「カストロは純粋なスペイン人で、非常に執念深い」と言ったとき、ケネディは「ヒロン浜侵攻の失敗が自分に重要な教訓を与えた」と述べている。なおこのケネディにまつわる「リーダーの意思決定」に関しては、リーダーシップの書物をはじめさまざまなところで分析され引用されているので、ご存じの読者も多いだろう。

民衆にも国家に対する「はたらき」を求めるケネディは、ある意味でカストロと共通する点があった。ケネディは大統領就任演説で、米国民に対して自己利益を越えて自国のために働くように促し、「米国があなたのために何ができるのかを問うのではなく、あなたが米国のために何ができるかを問うてほしい」と述べた。またこの有名なフレーズの他にも、同就任演説では米国民が「革命」の継承者だということを思い起こさせている。

一方でカストロは例のホセ・マルティ主義からか、米国人に敵意を持っていないとまで言い切った。それどころか、カストロ自身も一七七六年の合衆国独立宣言の精神を体現したといい、現在（一九八四年当時）の米国人は、建国当時の理想をはき違えているとまで述べていた。

一見すると共通項がないような二人であるが、ケネディも先祖はアイルランド系の、初のカトリックの大統領だったことを思い出してほしい。カストロに何か訴えかけるものが、ケネディの中にあったとしても不思議ではない。

†フランコ政権から見たケネディ

ではスペインは、ケネディをどう見ていたのだろうか。一九五九年、共和党のアイゼンハワー大統領を招待し、国内外に米国の後ろ盾のある政権をアピールしたフランコ政権は、リベラルな民主党ケネディ政権の誕生に懸念を抱いていた。そのためケネディ家と個人的につながりのあった、比較的「リベラル」なアントニオ・ガリーゲスを駐米大使として任命した（任一九六二～六四）。

ガリーゲスはスペイン内戦時、ジョン・F・ケネディの兄ジョセフと行動を共にしたことがあった。当時、街は混乱しており二人は尋問されるも、ジョセフの米国旅券により難を逃れたのである。ただしガリーゲスによれば、スペイン外相はこの事実を知らなかったようである。むしろガリーゲスは、米国人女性を妻としていたため（その父はスペインのITT勤務）、スペイン内戦後もマドリードで弁護士事務所を開設し、米国企業などを顧客とすることができたなど、米国と関係深かったことが任命の理由ではないかと見ている。

一九六二年にスペインのファン・カルロス皇太子夫妻が新婚旅行で訪米した際も、フランコ政権側はさほど関心を示さなかったが、ガリーゲス大使の尽力で、皇太子夫妻は比較的若いケネディ大統領と会見できただけでなく別荘にまで呼ばれ、親しくなった。ホワイトハウスとスペイン王室との「ホットライン」の開設は、これがきっかけだったかもしれない。

なおケネディの暗殺後、自らも一九四四年に妻を亡くしていたガリーゲス大使は、駐スペイン大使が噂を否定しなければならないほど、ジャクリーン未亡人と親しくしていた。ガリーゲスは一九六四年、バチカン大使に任命され、二年後ジャクリーンがローマを訪問した際には、パウロ六世への謁見の機会を設定した。ガリーゲスは、フランコ死後の組閣では法務大臣に任命され、フランコの後継者として王位に就いたフアン・カルロス一世のために尽くすことになる。

ガリーゲスは米国・キューバ・スペイン関係を振り返り、「体制や政治の時の運というものは過ぎ去り、歴史は流れる。そのため過去、現在、未来を見据えた政策を行わねばならない」と言っている。大使の裁量は、一見すると非常に限定されているように感じられる。しかし交渉相手も人間である。スペインが米国との協定改定において厳しい交渉を余儀なくされているときに、そしてキューバとスペインの関係が米・キューバ関係に影響されそうな時代に、ガリーゲスのような大使が米国に駐在したということは、フランコ政権にとって幸いであった。

2　米国の対キューバ禁輸措置とスペイン

†貿易相手国

米国はオバマが産声をあげた一九六一年にキューバと国交を断絶し、二〇一五年になってようやく国交を回復した。ただし一九六二年から始まった全面禁輸措置は、二〇一五年現在でも貿易品目の制限、送金の制限、キューバに立ち寄った船舶の米国寄港制限などにその一部が残っている。その一方でスペインは、紆余曲折ありながらも国交を維持していた。今までもその理由をいくつか指摘してきたが、経済的側面からも三国関係を考えることも重要であろう。スペインを加えることで、米国―キューバ関係の新たな側面が浮かび上がってくるのだ。

そもそもキューバを植民地にしたのはスペインであったが、フランコ政権下のスペイン外務省は、米国がスペイン植民地時代の経済・社会構造を利用して搾取し、その「自然な発展」をゆがめたとしている。バティスタ時代の米国大使などは米国企業の利益のために尽力しており、当時のキューバは砂糖のモノカルチャーで経済的に米国に依存していたと非難するのである。一九五〇年代後半にアウタルキーから脱しつつあったスペインは、世界市場に遅れて参入することになり、工業品の輸出先探しに難航していた。

一方、米国に過度に依存していたキューバの産業は、革命後、輸出先を失うことで製糖業を中心に打撃を受けていたため、キューバとしてもスペインとの貿易関係強化が必要であった。キューバ商務省は、米国に代わる貿易相手国として、第一に社会主義国、第二にスペイン、第三にフランスを考えており、スペインからは米国製機械の交換部品を調達しようとした。

そこで一九五九年一〇月、スペインとキューバは、バティスタ時代の一九五三年にすでに締結されていた貿易差額支払い暫定協定を延長した。お互いの経済的ニーズが一致したのである。

†スペインの独自外交

フランコ死去後の民主化期には、フランコ政権期の外交が評価されなかったが、現在では一定の評価がなされている。その評価の一因は、今から述べる「独自外交」にある。

スペインでは、カトリック布教者協会（ACNP）のアルターホ外相に代わり、一九五七年から同じくACNPの法学者、カスティエーリャが外相を務めた。その任期は一九六九年までの一二年という長期にわたっている。カスティエーリャは、地中海の中立やジブラルタルの返還（一七一三年のユトレヒト条約でイギリスに割譲されたまま）を主張するなど、スペインの独自外交・独立性を強調する外相であった。

カスティエーリャ外相は、米国との交渉にも強気の姿勢で臨んだ。第二次世界大戦後孤立し、アウタルキー政策で疲弊していたスペインにとっては、冷戦は一種の「天佑」であった。スペインを地政学的に重視した米国は、一九五三年に米西協定を結んだのであった。しかし一〇年後、協定延長交渉は暗礁に乗り上げた。カスティエーリャ外相はスペインが国力をつけてきたとみなし、地中海の中立にまで言及し、一転して米国に対し強気の交渉を挑んだからである。

冷戦期に何としても基地の使用権は維持したい米国は、ある意味立場が弱かった。当時の駐米スペイン大使、ガリーゲスは日米安全保障条約などの安全保障条約を研究し、これらを手本に片務協定を改定すべきとまで考えていた。しかし、米国はそこまで譲歩できなかった。ましてや冷戦期に、ソ連の進出を許してしまうであろう地中海の中立は、言語道断であった。

一九六〇年一二月、米国は非共産主義国に対して、対キューバ経済封鎖を求めたが、スペインにはとくに「キューバにおけるスペイン人移住者、キューバ社会、ラテンアメリカ諸国の政府などへの道徳的影響力」による協力を期待していた。いわゆるハード・パワーではなく、ソフト・パワーの行使をスペインに期待したというところであろう。ケネディ政権下の米国は、一九六二年二月に対キューバ全面禁輸措置を開始した。

強気のカスティエーリャ外相は、キューバと国交断絶せよと主張する米国には当然従わなかった。それどころか一九六二年初めにはキューバとの貿易協定を延長し、砂糖六万トンおよび未加工タバコ二〇〇〇トンの輸入をキューバに約束した。農業から工業へ産業構造の転換が進んだスペインでは、国内生産のみでは拡大する砂糖の需要を賄い切れず、安価な砂糖の安定供給のため、キューバとの協定が不可欠であったのだ。外務省はキューバ政策に関しても、「スペインの立場の独自性」を擁護し、「短期的に見た米国の政策に合致しないからといって、(米国がスペインに)キューバとの貿易制限を命じる資格はない」とガリーゲス大使に訴えていた。

カスティエーリャ外交では、スペインの独自性が主張された。そのため対キューバ政策においても、米国の圧力に屈せず、スペインとラテンアメリカとの歴史的結びつきにも言及し、一時的な政治状況には影響されない「精神的なつながり」を強調したのである。

†イベリア航空問題

一九六二年一〇月のキューバ・ミサイル危機後、米国のディーン・ラスク国務長官はガリーゲス駐米スペイン大使に対し、キューバと国交を断絶するように再度圧力をかけた。さらに米国はスペインに対し、「西側の結束」のため国営イベリア航空によるマドリード・ハバナ便の運航を停止するように要請していた。チェコスロバキアが、スイスを経由しマドリードに入りキューバに飛ぶ便をイベリアと設定するなどしていたため、米国は東側との物資の行き来を制限しようとしたのである。

ソ連のアエロフロート航空によるモスクワ―ハバナとの定期便が就航するのは一九六三年六月であるため、もちろんカストロにとっても、スペインとの空路・海路の維持は重要であった。キューバとスペインの間の定期便は東西どちらの陣営にとっても重要だったのである。

イベリアは当時キューバとの直行便を一カ月に二〜四便運航していたが、米国の要請を受けて同年キューバ・ミサイル危機後にハバナ便の運航を一時停止した。このときの最終決定は、外務省ではなくフランコの意向であった。フランコは、キューバとの国交は維持すべきであるが、米国との関係も良好に保っておく必要を痛感していたのであろう。

しかし在キューバ・スペイン大使館のカルデビーリャ参事官（第三章参照）は、外交行嚢のやり取りにも支障が出ているため、海路も空路もできるだけ早く回復すべきとスペイン外務省に訴えている。マドリードとの通信が不十分・不可能であるなら、ハバナからの退去も考えねばならないと主張した。そしてスペイン外務省は、この点を米国にアピールしてイベリア航空便の再開を果たそうとした。

一九六三年二月、フランコ政権の閣僚会合で再開が決定され、まずイベリア航空は月二回、そして需要が多かったため六月には四回の運航を再開した。同年三月、ホルへ・タベルナ臨時代理大使はマドリードに帰国した際、米国大使館の一等書記官に「キューバ政治情報」を提供した。一度目はスペインのアンヘル・サガス外交政策局北米課長宅、二度目は米国の同一等書記官宅であった。一等書記官はこの情報が「非常に興味深い」として国務省に通知した。確かにスペインは、米国の情報源として役立っていたのである。

†貿易制限と戦う

この間における、スペインとキューバの経済的つながりの深化も見逃せない。

一九六三年、スペインでは砂糖生産量が減少する一方、消費量の増加が見込まれた。砂糖の国際価格高騰もあり、スペイン側はさらなる価格上昇を恐れた。そのためキューバ側はスペインとの交渉では高値で固定することができ、有利に協定を締結できた。一方でスペインは工業製品の輸出をも増加させつつあったため、両国の貿易額は急増した。スペインからキューバへの輸出は、前年の一四〇万ドルから九二〇万ドル、輸入は八六〇万ドルから二一七〇万ドルへと跳ね上がった。スペイン側の入超分は、キューバ側が輸送・航空運賃、外交団・漁船の経費などスペインからのサービスを受けることで清算させた。

通常は、元首が臨時代理大使レベルの外交官と実務的な話を長々とすることはまずない。しかし一九六三年一一月九日、タベルナ臨時代理大使はカストロと夜の一一時から朝の三時まで会談した。元ゲリラにとっては容易なことでも、スペインの外交官にとってはさぞ辛かったであろう。

その場でカストロは、スペインから運送・漁業のための船舶購入を希望した。また、カストロは自分の家族の起源がスペインにあることに言及し、スペイン民族の価値を評価していると述べた。さらに、スペイン政府の政策が常に独自外交であることを称賛した。カスティエーリャ外交にとって、評価してほしいツボを押さえている発言である。

†米国とキューバの間でのバランス外交

米国ともキューバともうまく渡り合っていきたいスペインの外交は、絶妙なバランスのもとで何とか成り立っていた。

米国は一九六三年一二月成立の対外援助法修正条項を盾に、第三国にも対キューバ禁輸を強要した。そのため、フランコ政権は不満を抱いた。ポイントは以下の三つだった。第一に、欧米は社会主義圏と貿易を継続する一方（スペインは東側諸国とは国交がない）、キューバへ「戦略物資」を輸出しないスペインが「砂糖」輸入で非難されること、第二に、キューバとの貿易を停止しても米国から損害補償を期待できないこと、第三に、撤退すれば、ポスト・カストロ期には米国が市場を席巻し、スペインの新規加入は困難と予想されることであった。

同年、キューバは、スペインの造船会社と船舶（漁船・商船）の輸入交渉に入った。カストロは造船会社に対し、大型貨物船のみに限っても翌一九六四年三隻、六五年一〇隻、六六年一五隻を発注したいと表明した。しかし、スペイン外務省経済関係局は、「キューバの今日の政治状況に鑑みて、大型貨物船二八隻に加えて小型船の受注をも一度に約する協定は軽率」であるとした。ただ、両国の政府間で協定を結ぶのではなく、民間人とキューバ当局間の取引で二、三隻発注するのは可能だとした。

一方でスペインは米西協定で西側陣営に取り込まれていたため、当然米国に対しては従属的であらねばならなかった。一九六五年にもカスティエーリャ外相はディーン・ラスク国務長官に対し、キューバとの貿易と接触を減らす努力を真剣に行っている点をアピールしている。キューバのほうが貿易を増加したいと述べていること、スペインはキューバとくに文化の分野で完全に断絶はしたくないという主張も付け加えながらであった。

つまりフランコ政権は米国に従順であるような態度を見せつつも、キューバ政策に関しては米国に対して毅然とした態度をとっていたのである。スペイン政府は、国務省が気に入ろうがそうでなかろうが、ラテンアメリカ諸国に対してはその政府の形態にかかわらず関係を維持すると宣言した。もし米国がスペインの基地使用権を維持する上に、スペインにキューバとの関係を切れというのならば、スペイン側も何か「対価」をもらわねばならないとまで考えていたのである。米国の圧力にもかかわらず、本音と建前を使い分けつつ、スペインとキューバの貿易による絆が細く長く継続していったのである。

当時日本政府も吉田茂首相時代からの経済中心の外交政策をとり、砂糖などの民間の貿易には介入しない方針であった。前述のようにキューバも一九六〇年代の社会主義路線をとりつつも、対外通商政策は非常に現実主義的で、スペイン・日本など資本主義国との貿易拡大にも熱心であった。それから半世紀が経ち、貿易を行わないことで経済的損失を被っているのは米国の側となっているように見える。

キューバに関して長期的な利益よりも経済封鎖に固執するのは、「実利的」なはずの米国人のほうであった。大統領選が実施されなかったスペインやキューバは、任期中に指導者が成果をあげなければいけないというプレッシャーも圧力団体も少なく、長期的な視点を持つことができたのだろう。

3　キューバの国際主義とアフリカ

†アフリカ系文化をフォークロアに

キューバ外交は、米国の帝国主義に対して国際主義を掲げるものであったが、とくにその中でもアフリカとの関係を重視し、それが対米外交にも反映されていくこととなった。米国側は、「キューバの外交は（その複雑な構造から）、ほとんどカストロの外交となっており、彼自身が行っている」と分析していた。一九六七年には、「カストロは国際政治において、第三勢力を形成することを未だに望んでいる」と見ていた。

第一章で述べたように、キューバはその歴史からアフリカとのつながりが深い。アフリカ起源の宗教の中でも、とくに西アフリカ、現在のナイジェリアのヨルバ人の持ち込んだサンテリーアは、カトリックとも混淆し、音楽・宗教・文学・生活などさまざまな面でキューバに影響を及ぼしている。

革命前のキューバでは国民の半数以上が「カトリック」とは言われていたが、これまで見てきたようにカトリックは主に上層部中心に広まっており、大衆はサンテリーアを信じていた。人種差別が根強かったため、カストロは人種差別もなくした平等社会を築こうとした。革命後、サンテリーアの儀式の中の舞踊・音楽も、国立の舞踊団によって演じられるようにした。そして米国文化に対抗するフォークロア、民族文化として、キューバの国内宣伝、またアフリカ諸国への対外政策の一手段として使用された。

また、キューバ革命前後の世界情勢においては、アフリカの存在がきわめて大きかった。一九六〇年は一七カ国のアフリカ諸国が独立する「アフリカの年」であり、この年を境にナショナリズムが高まって、アフリカにおける脱植民地化が加速していった（ちなみにスペインは、サハラ以南では一九六八年に独立する赤道ギニアを植民地としていた）。また一九六一年にはユーゴスラヴィアで第一回非同盟運動諸国首脳会議が開催されており、キューバは第一回から出席している。

†ハーレムのホテルへ

カストロ政権下ではアフリカ人との連帯のほかに、アフリカ系米国人との連帯も模索された。米国では、公民権運動が盛んだった頃である。

一九六〇年九月、国連総会に出席のため、カストロはニューヨークを訪問することになった。キューバの国連大使は、宿泊先として当然最高級ホテルのウォルドルフ・アストリアを考えていた。前述のように一九五八年にスミス大使夫妻がチャリティー・パーティーを開催した場所である。しかし若い外交官のラウル・ロア（同名の父は当時キューバの外相、第三章参照）は、別の意見を持っていた。

革命前にマエストラ山脈の中で何日間かゲリラ活動を取材したCBS放送のテイバー（第二章参照）は、一九六〇年「対キューバ公正委員会」という団体を結成した。テイバーはニューヨーク・タイムズ紙のマシューズよりも過激で、あまりに個人的に革命に「関わった」ので、CBS放送の勤務を継続できなくなっていたほどであった。この委員会は、ジャン・ポール・サルトルのような左派の知識人に支援されていた。ここに参加していたアフリカ系米国人の知識人や芸術家は「キューバ人は、我々の敵の敵だ」として、キューバでの出来事を解放戦争として共感していた。

テイバーは、アフリカ系の公民権運動家・イスラム教指導者マルコムXとつながりを持っていた。このマルコムXが、カストロらにアフリカ系米国人が多く住むハーレム地区のテレサ・ホテルを使ってはどうかと提案していたのである。このホテルは第二次世界大戦頃、「ハーレムのウォルドルフ」と言われていた。ロアは、アフリカ系米国人とヒスパニックの連携のためにこのアイディアを暖めていた。しかし結局はどちらでもなく、キューバ総領事館の近くのシェルバーン・ホテルが選ばれた。

シェルバーン・ホテルでの二泊目、問題は起こった。ホテルの前には、カストロ政権に反対する過激な亡命キューバ人たちが押し寄せ、ホテルを爆破すると脅迫したのだ。ホテルのマネージャーはロアに、「セキュリティーの問題があるので、二万ドルの保証金がほしい」と言ったのである。これを聞いたカストロは、「セキュリティーの問題は、ニューヨーク警察の問題だ。なぜ我々に二万ドルも要求するのか。それではギャングだ！　一銭も払わないぞ！」と言い、ホテル側にそう伝えるように、とロアに言った。

二人の間を往復したロアは——使節団の中には、他に英語が話せるキューバ人はほとんどいなかった——、結局ホテル側から、「払わないなら立ち退いていただきたい」と言われた。キューバ側は二万ドル以上の費用を他で払っていたので、資金不足の問題ではなかった。一方で立ち退きを言われた理由は他にもあり、新鮮な肉を食べるべく部屋の中で生きたニワトリを飼っていたからだとも言われている。キューバをはじめカリブ地域では闘鶏が盛んであり、ニワトリは身近な存在であった。

ホテルを追い出されたカストロらは、ミリタリー・ショップへ行きテントを買ってきて、国連の前で野営をすることまで考えた（二〇〇九年にはリビアの革命指導者、ムアンマル・アル・カダフィがニューヨーク郊外にテントを張っている）。もちろんハマーショルド国連事務総長としてはそのような事態は厄介な問題になってしまうので、できるだけ避けたかった。一方でこのニュースを聞きつけたホテルの中には、無料でスイートルームやワンフロアを提供すると言い出す高級ホテルもあった。

ロアは外相である父に宿泊場所のアイディアがあると言い、アフリカ系米国人をオーナーに持つハーレムのテレサ・ホテルに言及した。カストロはこのアイディアに興味を示した。そしてこれがテイバーを通じたマルコムXの推薦だと聞くと、これに賛成したのだ。

†マルコムXとのハーレムでの会見

カストロは、ハーレムに足を踏み入れた最初の国際的なリーダーとなった。もちろん九月二六日の国連での演説では、この事件について言及した。確かにカストロの言うようにキューバのような途上国にとっては、非常に高額な支出を捻出して国連へ使節団を送っている。そのことを、劇的な方法で演出して印象づけることになった。

さらにカストロの国連総会のデビュー演説も、度肝を抜くものだった。四時間半にもわたって、米国の帝国主義と、選挙戦を争うニクソンおよびケネディを批判したのだ。この演説は二〇〇九年のニューズウィーク誌「国連総会の仰天スピーチトップ10」で堂々第二位に輝いている。なお仰天スピーチの二、三、四位を占めるのがこの年のスピーチなので、この年の国連総会は非常に紛糾したことがわかる。

同誌は、カストロの「ケネディが億万長者ではなく、字が読めて無知でもなかったら、農民相手の反乱は不可能だとわかっただろう」という部分を引用している。ケネディはゲリラのことがわかっていない、ということだろう。実際その後、米国の大統領たちはヴェトナム戦争で苦労することとなった。スペインのフランコは、自らの経験から世論に反対されつつ泥沼に陥った対ゲリラ戦争が苦しいものであることを理解しており、後に言及するようにヴェトナムから手を引くようリンドン・B・ジョンソン大統領（任一九六三〜六九）に提言したのである。

カストロは宿泊先のテレサ・ホテルで、アフリカ系の新聞記者やマルコムXと会見した。マルコムXとの会見自体はわずか一五分程度であり、とくに重要な取り決めもなされなかったが、米国が公民権で争い、世界ではアフリカ諸国が独立しようというときに、カストロという国際的指導者がハーレムでアフリカ系米国人指導者と会見を持ったという事実が、象徴的でありかつ重要であった。また会見の中でカストロは、アフリカ系米国人が国内の雑誌・新聞のプロパガンダに始終さらされているということを指摘していた。さらにカストロは、米国に存在する差別に対して戦うことを述べたが、「他国の内政には不干渉」とも言った。

モスクワを訪問したカストロとフルシチョフ（1963年5月、SPUTNIK/時事通信フォト）

この会見には二名の新聞記者と一名のカメラマンだけ同席が許された。カストロがニワトリの羽をむしって窓から散らすと、外から歓声が上がった。誰かが窓から顔を出すと、外から歓声が上がった。人々はとくに革命で活躍したアフリカ系のファン・アルメイダに興味を持っていた。あたかも群衆皆が彼の名前を知っているようであった。カストロは、「黒人のほうがキューバ革命により共感を示してくれるだろうから、ハーレムに宿泊したいと以前から思っていた」と述べた。

なおこのときカストロは、ソ連の最高指導者ニキータ・S・フルシチョフ、アラブ連合共和国のガマル・

アブドゥル・ナセル大統領、ガーナのクワメ・エンクルマ初代大統領、インドのジャワハルラール・ネルー首相などともテレサ・ホテルにて会見している。フルシチョフは、大国の指導者の自分があえてハーレムのアフリカ系米国人のホテルに出向くのは、キューバに対する差別政策同様アフリカ系米国人に対する米国の差別政策に異議を唱えることをアピールできるからだと指摘している。

†マルコムXとその遺産

外交官ロアは、それまで偏狭だったマルコムXの見方がこの会見後に次第に広がっていったと指摘している。すなわち、貧しく抑圧されているのはアフリカ系米国人だけではなく、ネイティブ・アメリカン、メキシコ系米国人、ヒスパニックなどもいるのだということをマルコムXは理解したというのである。

確かにマルコムXにとって、カストロとの出会いは国際的な理論家へ飛躍する第一歩だった。マルコムXは、巨人に立ち向かうキューバを高く評価し、アフリカ系米国人が人種差別反対闘争においてこれを模範にできると賞賛した。彼はカストロとゲバラを尊敬していた。マルコムXと彼らには、反帝国主義、米国に対する武装闘争に関して共通するものがあったのだ。演説で語り手と聴衆が連帯感を覚えるように、マルコムXがコール・アンド・レスポンスの手法を用いたことも、カストロと共通している。

一九六五年、マルコムXは暗殺された。彼はその直前に、キューバ訪問を考えていたという。

キューバを訪れることはかなわなかったが、マルコムXはその死後、キューバで人気のあるアフリカ系米国人指導者となった。あの歴史的な二人の出会いから三〇年たった一九九〇年五月には、キューバで「マルコムXが一九九〇年代シンポジウムで語る」というシンポジウムが開催された。カストロはその出会いに言及して、マルコムXを想いつつスピーチを行った。そして最後に、アフリカ系米国人とキューバとの連帯がうたわれる宣言が出された。

また、マルコムXの思想と演説は、ラップ音楽の分野においても影響を与えてきた。一九九三年、米国でアフリカ系の人権擁護のために「マルコムX草の根運動」が結成された。これに対して、キューバに亡命したアフリカ系米国人がヒップホップ（ラップ、DJ、ブレイクダンス、グラフィティなどを含む文化）を通じて若者に社会問題に興味を持たせようとする「ブラックオーガスト」という企画を提案した。こうした国際的な連帯の萌芽は、一九六〇年代に種が蒔かれたものだった。

†冷戦とキューバの国際主義

一九七〇年代のアフリカ南西部のアンゴラ危機に際して、キューバは派兵した。そのときカストロは「我々はラテンアメリカ人である」と述べている。事実この際は、自分たちのルーツであるアンゴラの危機と捉え、多くのキューバ人が駆けつけた。

カストロは冷戦のさなかに、米国ともソ連とも異なる「独自外交」を目指していたのである。カストロは、自分がソ連の操り人形ではないこと、そのように見られることに憤慨していると何度も公言していた。結果的に米国から離れてソ連からの支援を受けるようになっても、ソ連の手先として戦ったのではなかった。白人でもない、帝国に虐げられた、ラテンアメリカとアフリカ文化の交差するところのキューバ人として戦ったのである。東西対立とは異なる南北問題、帝国主義との戦いを念頭に、国際主義を掲げての戦いだった。

なお、アフリカで難を逃れた孤児たちを教育するための学校建設が発端となり、アジア、アフリカ、ラテンアメリカの若者が学ぶ「青年の島」（モンカダ兵営襲撃後、フィデルらが捕らえられていたピノス島のことであり、日系人も多く住む）に「国際主義学校」がつくられた（現在では国際政治情勢の変化、経済危機などもあり閉校されている）。

キューバは国際主義をもってここから「革命の輸出」を行っていた。この国際主義は、現在の後発医薬品などの研究開発・輸出、医師の「輸出」へつながっていくのである。

医療分野でのキューバの国際貢献は、すでに一九六〇年代からアフリカやラテンアメリカに対して行われていた。冷戦終焉後、二一世紀の現在も、インド洋大津波やハイチ地震などの際に医療関係者を派遣しており、二〇一四年のアフリカにおけるエボラ出血熱の流行にあたっても、多数の医療関係者を迅速に派遣している。もちろんこの「医療外交」の裏には経済・財政的なメリットもある。たとえばベネズエラへの医療援助の裏では石油との交換も約されており、こうしたところに国際主義の多面性を見ることができる。

†米国よりも人種差別がない?

ではキューバ国内でアフリカ系の待遇はよかったのだろうか。米国よりも人種差別が少ない社会と言えるのだろうか。

カストロがアフリカ系キューバ人を重んじた例もある。一九五三年のモンカダ兵営襲撃後に捕らえられたカストロを救った命の恩人、サリーアはアフリカ系キューバ人であった。前述の通り、カストロはサリーアを大尉に昇格させ、大統領の護衛隊長に任命した。

カストロと同時に捕らえられた前述のアルメイダもそうだった。彼はその後のカストロのメキシコ亡命、グランマ号によるキューバ上陸などで行動を共にし、国家評議会副議長、つまりカストロ兄弟に次ぐナンバースリーにまで登り詰めた（二〇〇九年死去）。アルメイダはゲリラ時代から音楽家であり、彼の作曲した曲は三〇〇にものぼった。

ただ、キューバ革命後も、大学の幹部、軍の幹部、キューバ共産党本部などにおいてのアフリカ系キューバ人（黒人・混血のムラート）の人数は少なく、一九八〇年代にはアフリカ系キューバ人の出国数も増加していた。キューバにおいて彼らがまったく平等に扱われていたとは言い難い。

それでもキューバ人が、国外のアフリカ系の人々に親近感を持っていたことは間違いない。キューバにおけるアフリカ系米国人への親近感を考慮すれば、オバマ大統領の米国とラウル・カストロ首相・国家評議会議長のキューバが二〇一五年に関係改善したのは、もともとあり得るシナリオだった。二人はその二年前の一二月一〇日にも、南アフリカ初の黒人大統領ネルソン・マンデラの追悼式で初めて対面し、「親しく」言葉を交わしていたのである。

4　マイアミのキューバ人社会

†マイアミのキューバ人

この章の最後に、米国の中でもとくにキューバとの関わりが深いマイアミから、キューバ、スペインに関して眺めてみよう。

スペイン人がキューバに到着したのは一五世紀だった。一六世紀にはスペイン人の征服者がフロリダに到着し、北アメリカ征服活動を開始した。その後フロリダは、スペイン、イギリス、再びスペイン領を経て、一八一九年に米国によって購入された。

フロリダ半島の南端の都市マイアミは、キューバのバティスタ独裁政権時代には反バティスタ派の活動の拠点になった。さらに一九五九年のキューバ革命以降は、亡命キューバ人が次々と移り住んできた。マイアミとキューバの距離は百数十キロ、東京から測ると静岡市よりも近いくらいである。キューバの共産化やソ連のミサイル配備が、米国に大いに脅威をもたらしていたのは当然であった。

革命後初期にキューバからマイアミへと亡命したキューバ人は、企業家や知識層など富裕層が大半であった。その中には、後に歌手となる幼いグロリア・エステファンもいた。彼らはフロリダ半島にキューバの文化、生活習慣を持ち込んだのみならず、財力を背景にカストロ政権打倒を掲げて、米国の外交政策への発言力も強めていった。

米国政府は、経済的に破綻しているキューバに対して「成功の見本」を形成すべく、亡命キューバ人コミュニティーに何億ドルも投資した。こうしてマイアミはキューバと異なり、国内外で有名な音楽家を輩出するというよりは、音楽のレコーディングや流通の中心となっていった。

マイアミの太陽の明るさとは裏腹に、亡命キューバ人社会では暗闘が繰り広げられていた。元バティスタ派、元カストロ派など、さまざまな派閥がいがみ合っていたのである。こうした亡命人社会を描いた作家に、グスタボ・ペレス・フィルマットがいる。彼の作品『来年は、キューバで（El año que viene estamos en Cuba）』は、自身の経験をもとに、米国の亡命キューバ人についてユーモアを込めて辛辣に描いている。

とくにカストロの妹、フアーナはマイアミで苦労した。彼女は兄フィデルに共感できず、ブラジル大使夫妻とともにＣＩＡに協力していたが、一九六四年亡命し、メキシコにおいてカストロ政権を糾弾し、後にマイアミへ移った。しかしこうしてカストロ政権を告発した彼女も、当初マイアミではカストロの家族ということで容易には受け入れられなかった。彼女はある意味、ＣＩＡに利用された犠牲者であり、大義を貫こうとする家族に振り回された悲劇の人であった。

†カルデビーリャ参事官のCIAスパイ疑惑事件

ではスペインは、マイアミのこうした動きにどう対応していたのだろうか。一九六一年、スペインも世界情勢の動きから取り残されないようマイアミにスペイン総領事館を「できるだけ早く」設置するように外務省に進言したのは、在キューバ・スペイン大使館のカルデビーリャ参事官（第三章参照）であった。CIAが亡命キューバ人を使ってカストロ政権を打倒しようとしたヒロン浜（ピッグス湾）侵攻事件の直前の三月である。

設置されたスペインの在マイアミ総領事館によれば、一九六二年五月には約一二万人のキューバ人がおり、毎月七〇〇〇人ずつ増加していた。当時は、「マイアミのキューバ人グループが政治的な重要性を失って、キューバ問題はキューバ人ではなくてワシントンで決定されるようになった」と見ていた。一九六二年五月といえば、冷戦のただ中、キューバ・ミサイル危機の勃発する五カ月前である。総領事館は、キューバ発の情報だけでは偏りがちな見方を改め、キューバでは得ることのできない情報を得て本省へ報告していた。

カルデビーリャはキューバからマドリードに帰国した際、少なくとも一九五四、六二、六五、六六年とたびたびフランコと会見した。カルデビーリャは、当初広報担当官として、最後は参事官として約二〇年という長期間にわたり大使館に勤めたが、CIAと通じていたとされて、一九六六年夏にキューバ政府によって追放された。秘書と共謀して外交特権を悪用し、外交行嚢を通じて指令を受けたり宝石を持ち出したり、サボタージュを幇助したというのである。彼の妻も、政治犯や反革命派と通じていたとされた。

確かにカルデビーリャ追放事件後、キューバ・スペイン二国間の緊張はさらに高まったが、キューバ政府は、「同事件は単発的なもので、二国間の関係全体に影響を及ぼすべきではない」と考えていた。

その後のカルデビーリャは、カトリック教会と関係が深かった彼らしく、マドリードで「教会―世界」誌の編集長を務め、一九七六年に死去した。大使の次は参事官と、大使館員が次々とキューバからスペインへ帰国させられたというのはまるでドラマのようだが、それでも二国間の外交関係は維持されていくのである。

†スペイン船に対する攻撃

前述のようにイベリア航空は、後にはハバナと欧州を運航する唯一の欧州系航空会社となった。そのため、いったんマドリードに渡ってから米国に亡命するキューバ人も少なくなかった。一九六二年に米国が対キューバ禁輸措置を発動した後も、スペインは対キューバ貿易を継続していた。スペイン外務省は、マイアミの亡命キューバ人に対して、以下の二点をその理由として挙げている。第一に砂糖の安定供給、第二にスペイン政府も世論も禁輸措置の効果に懐疑的であることである。

ところが米国の反カストロ派は、スペイン船も攻撃するに至った。一九六四年に、キューバに向けてグアンタナモから約一三〇キロの位置を航行していたスペイン船籍のシエラ・アランサス号が攻撃された。食料品・日用品などを搬送中だった。また翌年にはプエルトリコに停泊中の汽船、サトゥルステギ号も襲撃され、CIAに支援されたマイアミの反カストロ派が犯行声明を出した。

スペイン政府は外交ルートを通じ、スペイン人の死者を出したこれらの襲撃事件に関する説明を米側に求め抗議した。米国国務省は、目下FBIが調査中であるとして、いずれにせよスペインはキューバとの国交を断絶すべきと返答した。マイアミの亡命キューバ人問題は、米西関係へも影響を及ぼしていたのである。

†キューバ音楽とマイアミの変容

米国の一九六〇年代は、多文化主義やアイデンティティーに関わる政治運動に関連したカウンターカルチャー、抵抗の音楽としてのロック、ドラッグ、性の解放が叫ばれた時代であった。しかし一九七〇年代になるとヴェトナム戦争の敗戦などによる反動で、米国人は保守化し、音楽の政治力は弱体化し、産業としての音楽産業が確立していく。

こうした動きと並行して、一九六〇年代から七〇年代にかけての米国音楽では、アフリカ系・ヒスパニック系が中心となり、ディスコ音楽が普及していく。この流れを受けて、とくに八〇年代のマイアミでは、人々が現実逃避するダンスクラブ文化——前述のグロリア・エステファンがブレイクしたのもこの頃である——およびドラッグの取引が顕著に見られた。

またマイアミは、スペイン人のラファエルやフリオ・イグレシアス、その息子エンリケ・イグレシアスといった有名歌手、アーティスト、ラテン系アーティストの活動の拠点となっていった。

キューバからマイアミを目指した者の中には、次第に政治難民のみならず、より良い暮らしを求めて米国に入国する者も増加していく。それにつれて、マイアミ社会はキューバ、米国そしてスペインに対して、いっそう複雑な関係を構築していくこととなる。

第五章

大義名分——大義ある人々からプラグマティストへ

1　祖国のための情熱

†フランコの大義とは何だったか

本章ではスペインに戻り、主に一九六〇年代後半から七〇年代以後のフランコ・スペインを中心に見ていきたい。

すでに見たように、カストロは（本人いわく）民主主義・愛国心・反帝国主義といった大義を、民衆のためにとアピールしつつ掲げて、ゲリラから政権の座についた。では、フランコはどうだっただろうか。

フランコがカストロに対しても一定の尊敬の念を示していたことは、すでに述べた通りである。これはキューバという旧植民地に対する思い、二人に流れる「スペイン性」で説明できる部分もあろう。あるいはさらにその底流に、ふるさととしてのガリシアへの思いがあったかもしれない。

ところがフランコは、旧植民地でもなく「スペイン性」といった共通項のないヴェトナムのホー・チ・ミンに対しても親近感を抱いていたのである。これはなぜだろうか。

カストロもゲリラ活動を行って革命を起こし政権の座に就いたが、フランコも別の側面からゲリラ活動を知っていた。前述のようにフランコは、一つの祖国スペインを守るために、モロッコで正規軍に対抗する「ゲリラ」と戦った。

フランコはいわゆる知識人ではなく、スペイン史上のハプスブルク家の王、カルロス一世やフェリペ二世をライバル視する以外は、カストロほど歴史上の人物を目標にすることはなかったようである。しかし外交筋によれば、反共産主義を掲げていたはずのフランコが固執していたのは、ゲリラによって正規軍を打ち負かし権力の座に就いた毛沢東、ホー・チ・ミン、フィデル・カストロであったという。

そもそもゲリラの語源は、スペイン語の「戦争（ゲーラ）」に縮小辞がついたもので、一九世紀初頭のナポレオンの侵略戦争に対するスペイン人の大規模な抵抗戦から定着した。自国を守るため戦うという意味では、ホー・チ・ミン、カストロ、フランコには共通するものがあったのだろう。つまりフランコは当時、祖国の独立のために戦っていた毛沢東、ホー・チ・ミンのようなナショナリストを尊敬し、一方でフランスのシャルル・ドゴール将軍が冷戦期に模索したような独自外交政策にも興味を示していた。フランコの大義は、一つの祖国のために、スペイン性を擁護することであろうか。

†ホー・チ・ミンとフランコ

フランコは、冷静に客観的に、スペインから遠いヴェトナム情勢を判断していた。そのため、ヴェトナムでのさらなるスペインの援助を求める、米国のジョンソン大統領の書簡に対し、フランコは長文の書簡でこう返答した。「米国の友好国スペインとして、ヴェトナム戦争から手を引くべきである、とはっきり進言する」。フランコは、米国がゲリラに勝てないと確信していたのである。

自らも北アフリカの砂漠で戦った経験から、地の利のないジャングルで通常兵器で米国がゲリラを相手にするのは、非常に困難であるとフランコは主張した。バティスタ軍が、マエストラ山脈のカストロらに手を出せなかったように。

さらには「一見したところ、ヴェトナムの反乱は軍事的な問題のように見えるが、自分としては、これは実は政治問題と見ている」と述べた。「人民の運命がかかっている」からである。そして「西洋人からすれば、このナショナリスト的な感情は理解し難い」とも述べている。「おそらく西洋の植民地主義による蹂躙に対抗するものとして、唯一共産主義があったのではないか」とする。さらにフランコは、「我々が我々の解決方法を見出すように、これらの人民も彼らの政治的解決を見出すよう手助けするべきである」と主張した。

またフランコは、ホー・チ・ミンに会ったことはないが、「日本、中国、フランスなどを相手に闘って撃退したように、(ホー・チ・ミンは)自国の消滅に対して無関心ではいられない愛国者」であり、「ヴェトナムに必要な人物だ」との評価をジョンソン大統領に述べたのであった。

カストロが革命を起こしたときの米国国務省は、彼らの見たいようにキューバの現実を解釈して失敗した。我々は物事を、我々が見たいように都合よく解釈している。フランコは、ヴェトナム戦争から足を洗えず泥沼にはまり込むジョンソン大統領に、それを訴えたかったのではないだろうか。

結局、フランコは米国の要請に対し、一九六六〜七一年の間、戦闘が非常に激しいサイゴンの南四五キロ地点あたりに、秘密裏にリクルートした五〇名以上のスペイン人医師や衛生兵を派遣した。彼らは分け隔てなく人道的に活躍し、最初の六カ月だけで負傷した二万三〇〇〇人をも手当てしたのである。しかも、このうち七割は南ヴェトナム解放民族戦線の人々であった。この功績に対して、スペインは米国からも北ヴェトナムからも認められ、三度勲章が送られている。

†ガリシア人気質とは何か——水着姿のフラガ大臣

ガリシア出身で海外生活も長かった歴史家・外交官・政治家のマダリアーガ（序章、第一章参照）は、スペインにおいて地方政治は「独裁者」（地方の有力者、カシーケ）によって行われる、ということを指摘している。すなわちスペインにおける政治の原動力は、最もエネルギッシュで能力のある個人によって行われる地方政治にあるとするのだ。

そしてその地方政治の担い手たちは、ドラマの登場人物のように、原理ではなく人格（パーソナリティ）という原動力で動いているとマダリアーガは言う。確かに、フランコ以外にもガリシア出身のリーダーたちは劇的である。以下に例を挙げてみよう。

一九六四年、米国のマイアミを中心とする反カストロ派が、キューバに向け食料品・日用品など搬送中のスペイン船籍船シエラ・アランサス号、翌年サトゥルステギ号も襲撃したことは前述した。

これに対して、スペインのマヌエル・フラガ情報観光相（任一九六二～六九）は、背後にCIAの関与があるとして米国を非難した。フラガはアンジー・デューク駐スペイン米国大使にも、同様に訴えた。父親がキューバへ移民し、自らも幼い頃にキューバに住んでいたことのあるフラガは、以前から米国に対しスペイン・キューバ関係の重要性を主張し

水着姿で安全性をアピールするフラガ（左から三人目）とデューク（右）（1966年、EFE）

ていた。

一九六六年一月、スペインの地中海岸の都市、アルメリアの沖に、米軍の水爆搭載機が墜落する事故があった（パロマレス事件）。四つの水爆のうち三つは直ちに発見されたものの、残りの一つは発見まで三カ月近くもかかり、同事件は独裁下のスペインでも大々的に報道された。

当時、情報観光大臣であったフラガはデューク米国大使とともに、「放射能で汚染されていない安全性」をアピールするために、三月の肌寒い地中海に入り報道陣に向かって手をふった。この姿は、当時のマスコミ報道はもちろん、後々までフラガの水着姿として人々の脳裏に焼きつくのであった。外交官出身の彼もまた、ガリシア出身の大義の人であった。

†ガリシア人の企業家、バレイロス

次に、政治家以外の、ガリシアのリーダーを見てみよう。最大の人物が、ガリシアの内陸部、オウレンセ出身の企業家、エドゥアルド・バレイロスであった。

フランコ政権は一九四〇年代のアウタルキー政策が失敗に終わった後、工業化を促進しようとした。名実とともにそのエンジンになったのが、バレイロスであった。一九五〇年代初めにマドリードへ進出したバレイロスは、ディーゼル化を進めてトラックを多数生産した。

バレイロス社は民間企業であり、米国、キューバなどにも進出したため、フランコ政権下の国家産業公社（INI）とは摩擦があったようである。しかしバレイロスは、フランコとは良好な関係を築いていた。

バレイロスがスペイン国内で認められたのは、国外で認められてから後である。ポルトガル軍のための入札を勝ち取ったとき、彼はフランコになぜスペインでは大量生産しないのかと質された。バレイロスはフランコに、産業省が邪魔をするからだと答えた。その後、バレイロスもフランコ政権から支援されるようになった。

それ以降、バレイロスは、フランコの住むパルド宮を何度も訪問したという。マスコミのインタビューで、「ガリシア人だったからフランコが彼に敬意を表していたのか」との問いに対し、バレイロスはそれを否定した。そしてフランコがバレイロスに敬意を表した理由は、バレイロスがスペインのために貢献したからだと答えた。バレイロスが国の富と雇用を創出したからだという。

フランコ政権下において、キューバとバレイロスの関係は、一九六五年頃まで順調であり、大量のトラックとエンジンを輸出した。キューバにはバレイロス・ディーゼル社の技術サービス部があった。

同社は、一九六三年に米国のクライスラー社と協定を結んでいたが、一九六九年にクライスラー社が大部分の株を取得し、米国資本となってしまった。そのため同社は米国の対キューバ禁輸措置に従わねばならなくなり、交換部品のキューバへの輸出が不可能になった。しかしバレイロスはこれに従わず、キューバからの使者に対して、交換部品を安価に、しかも後払いで渡したのである。

†バレイロス、キューバへ

クライスラー社となってしまった同社から手を引いたバレイロスは、一〇年ほど自動車産業から離れていた。だが一九七〇年末、キューバの国営自動車メーカーへの入札で日産と争い、勝利した。やはり自動車産業を手掛けたかったのであろう、キューバに移住しカストロの相談役となって、ソ連の旧式工場を近代化しようとした。

このときバレイロスをキューバへ誘ったのは、カストロ政権下の副大統領であり、ガリシア出身の父を持つカルロス・ラファエル・ロドリゲスであった。ロドリゲスは、チェ・ゲバラが言っていた「自国に自動車産業のない国は、真に独立しているとはいえない」という言葉を胸に抱いていたのである。

前述のマスコミのインタビューで、バレイロスはカストロとも親しかったことを認め、フランコと同様、バレイロスがキューバのために成したこと、すなわち交通問題の解決によって敬意を示されていたという。バレイロスは共産党員ではなかったが、相手が共産党員かどうかは彼にとっては問題ではなかった。ペレス・セランテス大司教(第三章参照)のように「ガリシア人はこうだから」だろうか。バレイロスはフランコの手から離れて、カストロの手を握るようになった、すべてガリシア人の間で行われている、と陰口をたたく者もいたのであるが。

またバレイロスはフランコとカストロの相違点について尋ねられたとき、両者は長所が似ていると言った。すなわち「フランコは正直で、人間的で、愛国者」だという。「フィデルも正直で、知的で、人間的で、もちろん一〇〇パーセント愛国者だ」という。また、フランコはフィデルほど権威主義的ではないとも言った。

こうしてバレイロスは、エンジン関係技術の使用権利をキューバに譲渡するなど、キューバのオートメーション化に寄与することになる。ただ、カストロの下で働いたことで、マイアミの亡命キューバ人たちからは恨まれ、脅迫されたこともあった。

バレイロスは資本主義国家からきた。キューバは社会主義だった。カストロと通じあえたのは、ガリシアというルーツが共通していたから、というだけではないだろう。バレイロスは、自分の得意とする分野で活躍できるキューバに活路を見出したのである。

フランコとホー・チ・ミン、カストロとフラガ、バレイロス。何かに情熱をかける人々は、思想も超えて同じような人々をひきつける。ケネディの言葉ではないが、その国のために何かできる人物であることを重視する人々は、互いに惹きあうのだろう。

2　省庁間の権限争い

†砂糖で船を買う

フランコは対外政策において最終決定権を有していたが、外交政策に関連するスペイン国内の政策に関しては、中央集権体制の下省庁の権限争いが熾烈に繰り広げられていた。その経過を見ていこう。

一九六四年、在キューバ・スペイン大使館は、カストロ政権のキューバのことをこう評していた――スペイン内戦時代（一九三六〜三九）のマドリードの「アカ」（共産党）のいる、独立したての、とあるブラック・アフリカの首都のようだ、と。ただし当時のマドリードほど困窮してもいないし汚れてもなく、少なくとも見かけ上はもう少し自由があるように見えたという。

南北関係で考えると、スペインは厳密に北とはいえなかった。またスペイン大使館は、「キューバはカリブ海の島なので、共産党もソ連ほど規律が厳しくない」とも報告していた。

では一九六〇年代、スペインはキューバ貿易から利益を得られていたのだろうか。一九六四年に砂糖の国際価格は下落したが、スペインの買い取り価格はすでに固定されていた。つまり、スペインは安価な砂糖を得るどころか、一九六四〜六六年の間、キューバから国際市場価格の二倍半の値で買い取ることになった。割高な砂糖を購入することによって、結果的にスペインが「年に大型船三隻を贈与するに等しくなった」のである。こうして一九六四年のスペインの対キューバ輸出・輸入額は、いずれもそれぞれ前年の三倍以上の三一四〇万ドル、六五六〇万ドルとなった。

こうした状況下、フランコ政権内でも、一九六五年から農業省は一年ごとに砂糖の輸入量・値段の見直しを要望した。そのため、長期の協定を望む商務省と対立した。商務省としては、輸出契約した船舶の代金受領を確実にし、また他国の市場へは輸出不可能なスペイン産品（安価なワイン・ニンニク・クリスマス菓子・ブドウ・トラックなど）をキューバに継続的に輸出することを望んでいたためだ。食品・造船業の企業は、米国不在のキューバ市場におけるシェア拡大を目論み、スペイン政府に陳情し、輸出信用保険の適用を受けていた。

†経済よりもスピリチュアルなものを重視

一九六〇年代、両国の貿易総額が最大となったのは一九六六年であった。スペインの輸出総額のうち、対ラテンアメリカ輸出は一七パーセントを占めていたが、総額の六パーセント、つまり対ラテンアメリカ輸出のうちの約三分の一を占めるキューバは、スペインにとってラテンアメリカ諸国の中で最大の輸出先であった。

前述のようにこの一九六六年、スペインは市場価格の二、三倍でキューバの砂糖を取引していた。また長期の信用取引を行っていたのは、キューバ政府を信用してのことであり、もしこれが崩壊するようなことがあれば、損失を被ることになる。しかしスペイン側は経済関係では色々と問題はあるものの、「スピリチュアル・バランス」は我々のほうが優っている、と付け加えている。

すなわちスペインの宗教者が、キューバの人々を助けており、彼らの救い——希望になっているというのだ。マダリアーガの意見（序章参照）同様、米国駐在のスペイン外交官も、「フランスは精神的・経済的なものをラテンアメリカに植え付けられなかったが、スペインが情・精神的なものを、米国が経済・実践的なものを持ち込んでいる」と考えていた。

しかし一方でキューバは、スペイン外務省を通さずスペインの船舶を購入しようとも試みた。一九六九年、フランコの兄、ニコラス・フランコは、キューバ政府の招待で私的にキューバを訪問しカストロと三時間ほど会見した。キューバ側は、車両・船舶約三〇〇万ドル相当の輸入と、協定外の両国間貿易の拡大を要請した。その他カストロは、ガリシアに住む親戚に言及したりもした。

カストロはスペインへの感謝を表明し、称賛した。米国が最も厳格に経済封鎖を行っている時期でも、キューバとの交易を続けていたからである。そしてまたニコラス・フランコとの会合が、最初の開かれた対話となったと述べ、スペイン民族のアイデンティティー・文化・この信頼の証によって、イデオロギーを超えたより深い政治的な理解が深まることを期待していると述べた。両国は、協定交渉開始直前であった。このタイミングでの招待を、キューバ側による経済活動拡大への重要な布石と外務省はみなした。

†議会に束縛される米国、世論を利用するスペイン

前述のように冷戦期のこの頃、米国はスペインで何としても基地使用権を維持しなくてはならなかったため、スペインとの協定改定に対して、弱い立場にあった。また一九六四年には、スペインのロタ基地は米国の原子力潜水艦の停泊地となる予定であった。こうし

た背景から、米国はスペインの機嫌を損ねることはできず、そのためキューバに対して独自政策——米国の意に沿わない政策——をとるスペインに対しても、強硬な態度で臨めなかったのである。

しかし一方で米国政府は、フランコという独裁政権を支援するには米国内の世論に配慮しなければならなかった。ジョンソン大統領自身、「スペインへは三一〇〇万ドルの援助を供与したいが、正当化するのが非常に困難である」と述べていた。米国政府は、スペインに対キューバ政策の例外が適用されることで予想される米国世論や第三国への影響と、戦略的に重要なスペインへの援助の必要性との間で板挟みとなっていたのである。

スペイン側としても米国への完全服従もありえないが、米西協定の延長交渉でキューバとの航空便・船便数を減らすことが俎上にのぼったときは、米国に従うジェスチャーも見せねばならなかった。

ロタ海軍基地が原子力潜水艦の停泊地になることは、一般市民には知らされていなかった。一方、一九六六年のパロマレス事件の際の、フラガ情報観光大臣とデューク大使の水泳が人々の脳裏に焼きつき、「水爆は落ちたが安全である」とのイメージが(少なくともフラガの水着のイメージは)定着したことは前述の通りである。水爆の落下は、独裁政権下でも隠し通せなかったのである。皮肉なことにフラガ情報観光相は、パロマレス事件の直後に一部検閲を緩める出版法を制定することにした。

表現の自由のない独裁政権下のスペインでは、民主主義諸国でいう「世論」が存在するかどうかは微妙なところである。しかし興味深いことにフランコ政権は、反米感情があったとしても公にできないはずであるが、米国に対して協定交渉中たびたび「基地の危険性に対する反米的な世論に鑑み、要求を呑めない」と主張した。そして、とくにマドリード近郊のトレホン空軍基地の閉鎖を要求したのであった。

†領事問題と経済関係

スペインはキューバと交渉する際に、両国は歴史・人種・家族・文化的つながりがあること、それらによりキューバには親近感を感じていること、スペインは常に自尊・独立・正直さを護っていると何度も強調している。そしてその一方でキューバに対し、スペイン人出国人数を増加させること、賠償金の問題、二一人のスペイン人拘束者解放などを要請した。領事関係の問題も無視できなかったのである。

一九六四年頃、キューバには五〇万人ほどのスペイン人が居住していた。革命前にはセントロ・ガジェーゴ（ガリシア・センター）には四万五〇〇〇人が登録していたと言われる。フランコは独裁政権であっても、これらの人々を見殺しにはできない。

スペインにおけるキューバ政策に関しては、長期の協定を望む商務省と、短期を望む農業省の間に意見の対立があったことは前述したが、さらに商務省と外務省の間でも方針に齟齬が生じていた。キューバ在住のスペイン人約五〇万人の保護（拘束者の釈放、接収財産の補償および島外への出国制限の撤廃）を優先したい外務省に対し、商務省はこれらの交渉が貿易政策にリンクされて貿易が抑制されることに反対であった。

この対立は、在キューバ・スペイン大使館内でも存在し、外務省出身の臨時代理大使と、外務省の訓令から逸脱しがちな商務省出身のアタッシェが対立していた。一九六四年六月には、キューバ当局に拘束されていたスペイン人のうち、一七名が釈放された。しかしその後再び幾人かが拘束された。そのため、ロマン・オヤルスン駐キューバ臨時代理大使（任一九六四〜六九）は、この問題を解決するには、従来のような「キューバ当局に寛大な措置を請う交渉から、今後は圧力による交渉に切り替えるべき」と主張した。

そして臨時代理大使は、貿易協定交渉をスペイン人釈放のための圧力に使おうとしたが、一九六五年の交渉はすでに終了していた。そこで一九六五年三月、貿易協定とは別に、商社を通じたキューバ産冷凍肉の外貨建て購入を提案し、拘束者の釈放を引き出す取引材料に用いてはどうかとカスティエーリャ外相に進言した。そのおかげか、同年一〇月にはキューバ側もスペイン人保護に配慮する姿勢を見せ、前月に二九名を数えた拘束者のうち九名を釈放した。しかし、翌年二月には拘束者は再び合計三五名に増加した。

この事態を受け、オヤルスン臨時代理大使は、脅しにならないように慎重を期しつつ、スペイン人拘束者が解放されれば、当時（一九六六年）行われていた、貿易交渉の進展もありうると、キューバ外務省に示唆したのである。彼はこのように、政治問題と経済問題をリンクさせて交渉すべく尽力した。

一九六七年にもスペインのカスティエーリャ外相は、キューバとの外交維持の理由として、両国関係の維持が政治的イデオロギーには無関係であること、スペイン人移民が存在すること、冷戦期にソ連陣営の国との国交を維持する必要性、ラテンアメリカにおける独自外交の証、通商利益（砂糖の輸入、船舶の輸出）の必要性を、国内でフランコ政権の中枢（内務省）に主張していた。

一九六九年、オヤルスン臨時代理大使は、一九六四年からの四年半の任期を振り返って、レポートを本省に提出した。それによるとカストロ政権の成果は、教育と医療であった。医療施設は、農村の隅々まで行きわたったとした。ただし、教育・医者の質の低下や医薬品不足は否定していない。また臨時代理大使は、カストロは革命家としては成功したが、為政者や国の指導者としては失敗だとした。また、米国への敵対心を露出しようと固執しすぎるあまりに、国民の利益を損なっていることもあると指摘した。カストロ絶賛から批判へと振れたロヘンディオ大使（第二、三章参照）とは異なった、冷静な見解である。

結局、一九六三〜六九年にかけては、米国が対キューバ禁輸措置を敷き第三国にそれを強要したにもかかわらず、またスペイン人拘束者の問題の存在にもかかわらず、スペインはキューバと貿易関係を維持し、二国間の貿易額は増加した。

†米国の仲介者スペイン

ところで、スペインは外交関係において、米国の仲介者の役割を果たそうとすることがあった。一九六四年五月、キューバ側から、駐フランス・スペイン大使、ホセ・マリア・デ・アレイルサ（民主化移行期では外相となる）に対し、米・キューバ関係改善のためスペインが「仲介者」となる可能性を打診してきた。

米国側は基本的にこれに賛成したが、一一月の大統領選次第だとした。米国は、何かと大統領選に縛られている。結局、大統領選ではジョンソン大統領が勝利したものの、スペインが仲介者となることはなかった。在スペイン米国大使館は、こうした「仲介」役を買って出るアイディアは、カスティエーリャ外相のアイディアで、ニューヨーク・タイムズ紙を通じて反応を探っていると分析した。

また一九六七年には、フラガと親しいアドルフォ・マルティン・ガメーロ外交情報研究所所長がカストロと会見した際のレポートが米国に渡された。米国はマドリードからの仲介者を望んだわけでもなかったが、駐米スペイン大使からスペイン外務省への電報の到着が遅れてしまい米国に事前通知できないまま、マルティン・ガメーロはカストロと会談して、「スペインが米国とキューバの間の仲介者だ」とまで述べた。

米国が譲れない点は、第一にキューバがラテンアメリカ諸国でゲリラを展開して介入していることと、第二にキューバ内にソ連の武器が存在することであると伝えたのである。結局この仲介も、実を結ぶことはなかった。

実はスペインが米国と他国の「仲介」をするのは、初めてではなかった。一九五八年に成立したアラブ連合共和国（エジプト）と国交のない間（一九六七〜七四）、米国はカイロのスペイン大使館の中に利益代表部を置いていた。サガス大使（任一九六六〜七二、第四章では外交政策局北米課長）は、アラブ連合共和国と米国の間に立っていたのである。フランコ政権は反ユダヤを標榜していたのだが、とくに米国のユダヤ人コミュニティーに良い印象を与えようと、危険な状況下にあるユダヤ人を保護するよう訓令を出した。サガス大使は、カイロから一五〇〇人のユダヤ人を国外に脱出させた。

そのため、米国は、大統領の参加するハイレベル会合においても、たびたび感謝の念をスペインへ表明していた。なおサガスは後に駐米大使（任一九七二〜七四）となるが、任期中に病に倒れてスペインに帰国して没した。

†大義ある人々の失脚

一九六七年には、前述のようにスペイン外務省はキューバとの関係を維持する理由として、次の五つの点を挙げている。スペイン語圏諸国との関係は政治的イデオロギーを超えるものであること、在留スペイン人の存在、ソ連の影響圏との関係を維持する必要性、スペインの独自外交を内外に示すこと、砂糖需要の充足および輸出市場の確保による通商利益のためである。

一九六〇年代の冷戦期の米ソの覇権争いのためだろうか。キューバ・ミサイル危機を経て、米国は対キューバ制裁を厳格にし、他国にも同調するよう要求した。スペインも当初は、米国に追随しないと米西協定の援助が打ち切られるのではないかと懸念していた。しかし、カスティエーリャ外相期（任一九五七〜六九）のスペイン外務省公文書では、米国や冷戦二極からの「独立した」外交が強調されている。経済発展を遂げ、対キューバ貿易額が順調に伸び、自国の地政学的位置を米国が重視していることを知ったスペインは、米国に盲従せず対キューバ貿易を継続しようとした。

しかし地中海の中立化を唱え米西協定改定の際にも強硬に出て、ジブラルタル返還要求問題では英国との交渉で強硬案を主張したカスティエーリャ外相は、親米政策をとるルイス・カレーロ・ブランコ副首相と対立した。また米国も、交渉が難航しているのは外相のせいだとして、駐スペイン大使を通じて、軍部とくに副首相に外相排除の圧力をかけた。一九六九年、汚職事件に伴う内閣改造を契機に、汚職に関わったわけではないが対米強硬論を主張する外相と、親キューバ・反米的なフラガ情報観光相らは更迭された。

独裁政権の中でも祖国のために反米・スペイン性といった大義を振りかざしていた人たちに代わって、内閣で台頭したのは、カトリックの一派、オプス・デイと関わりある人々であった。彼らは基本的に、実利を重んじるプラグマティストであった。副首相のカレーロ・ブランコ（任一九六七〜七三、一九七三年首相）は、オプス・デイと近かった。内閣改造により、とくに外相交代により、スペインの外交・対キューバ政策は変化していくのである。

3　大義より経済――一九七〇年代フランコ政権末期

†経済関係の推進

大義ある人々に代わって台頭したプラグマティストであるオプス・デイのメンバーには、スペインで博士号を修得後、米国で経営学を修めた前工業相、グレゴリオ・ロペス・ブラボ外相（任一九六九～七三）もいた。工業相としての彼は、米国側からの評判も悪くなかった。米国は以前にも工業相としてのロペス・ブラボが、スペインの国営企業優先のマインドを持ち合わせていなかったことに安堵しており、後任が彼のように外資に対して寛容かどうか懸念していたほどである。

外相としてのロペス・ブラボは、外務省の機構改革を進めた。従来の地域別局から機能別の局を中心とする組織に改編し、国際経済関係局および国際技術協力局を新設した。そして、西ドイツのヴィリー・ブラント首相に倣ってスペイン版東方外交を開始し、東欧諸国・ソ連との貿易も増加させた。NATO非加盟（欧州諸国の反対で加盟不可能だった）のスペインは、戦後日本のように通商に集中しようとしたのである。

ラテンアメリカに対しては、内政に干渉しない「エストラーダ主義」の堅持と経済・経済協力関係の推進を軸に据えた。公式訪問をコスタリカに限った前任カスティエーリャ外相とは異なり、経済を重視したのである。そしてロペス・ブラボ外相自身も、後に商務大

上　フランコとニクソン（1970 年、フランコ財団）
下　フランコとレーガン（当時カリフォルニア州知事）、中央はロペス・ブラボ外相（1972 年、フランコ財団）

臣となるネメシオ・フェルナンデス・クエスタ商務次官らを伴い、ブラジルを含むラテンアメリカ諸国を広く訪問した。ただし、キューバおよび国交のなかったメキシコは訪問先とはなっていない。

一九七二年、前述のロマン・オヤルスン臨時代理大使の弟、ハビエル・オヤルスンがハバナに着任した。前職が領事局長だったということは、外務省が懸案としていた在キューバ・スペイン人問題にも詳しかったということである。

ロペス・ブラボ外相自身はキューバを訪問しなかったものの、ハビエル・オヤルスンは、キューバ政府幹部およびカストロと良好な関係を築いた。カストロは自分のスペインの先祖について、現在もガリシアに住む親戚（おばたち）について、自分の生まれ育った家が非常にスペイン的な雰囲気だったことなど長々と話した（このときはまだカストロはスペインを訪問していない）。「次回は、スペイン大使館でガリシア料理が食べたいものだ」と冗談を言ったほどである。オヤルスンは、「カストロ自身はスペインには敵対的ではない」との印象を持ち、「資本主義世界に敵意を示さねばならぬ他の（共産党員の）キューバ高官よりもカストロと交渉するほうを望む」とまで述べていた。

一九七三年には、スペイン政府内でも企業内でも、経済協力担当の組織は、非効率に運営されていた。その後スペインからキューバへの専門家派遣、科学技術協力に関する基本合意を締結するなどの具体策が両国間で協議され、経済協力関係の強化が図られた。こうして、キューバ政策に関する外務省と商務省の対立は収束に向かった。

翌年、商務次官から大臣となったフェルナンデス・クエスタは、スペインにとってのキューバ貿易の重要性と、米国の禁輸措置には国内各方面から撤廃要求があることを、駐スペイン米国大使に強調した。同年末には、ついに同商務相がキューバを訪問した。これは、一八九八年の米西戦争敗北以降、スペイン閣僚の初めてのキューバ公式訪問であった。この際の手土産として、スペインにとって史上最大規模となる二国間貿易協定が締結された。キューバに九億ドルの輸出信用枠の供与を約する同協定は、スペインをソ連、日本に次ぐキューバの貿易相手国に位置付けるものとなった。スペインのある新聞は、米国からの対キューバ禁輸の圧力にも屈せぬスペインの「独自外交政策」を称賛した。

すなわち第二次世界大戦後の国際市場では、内戦で国内産業が疲弊した上に国営企業に対する保護が手厚く競争力を持たなかったスペイン製品は、外貨を介さない貿易決済システムを通じてキューバという市場を獲得できていたのである。一九七〇年代には、スペインの製品・技術がすでにキューバ市場に浸透しており、工業化を目指すキューバは、スペインからの輸入継続を望んだのである。

片やスペイン商務省は、ラテンアメリカ諸国全般との貿易を拡大しつつあったキューバにおいて、スペイン製品を展示することができれば、キューバが他国へのスペイン製品紹介の場となると考えていた。商務担当官としてすでにアルベルト・レカルテが派遣されていたが（任一九七四～七八）、スペイン商務省は、一九七五年一月、在キューバ・スペイン大使館内に置く貿易事務所の拡大と人員増加を望んだ。

†対米貿易摩擦

一方でスペインは、一九七四年には米西協定延長を盾に、米国に対キューバ禁輸措置について抗議した。しかし、キッシンジャー国務長官は一一月に控えた議会選挙を前に、政策転換は不可能と返答していた。さらに米国は、米系企業が第三国に置く子会社経由でキューバと行う取引も承認していなかった。これは米国法の域外適用にあたり、こうした子会社が所在するカナダ、メキシコなど米国の友好国さえも抗議しており、米国世論も批判を強めていた。

当の米国国務省も、スペイン、フランスなどの西欧諸国がキューバ向け輸出を増加させる中、米国のみが貿易制限を加えたところでその効果は薄いため、一九七五年二月には見直し時期に来たことを認め、第三国への適用を回避しようとしていた。

同年、米西協定の改定期限が九月に迫る中、スペイン政府はウェルズ・ステイブラー駐スペイン米国大使に異議を申し立てていた。スペインのモータリゼーションに貢献した前述のバレイロス社は、一九六九年にクライスラー・スペインとなっていたが、この米系企業は、キューバで活躍するスペイン企業と車両の販売契約を結びスペイン政府の輸出信用も得た。しかし米国政府は、これに制限を加える動きを見せたからである。

スペイン政府からの申し入れを受けたステイブラー大使は、本件のような些細な問題がマスコミにリークされ、スペイン世論の反米感情を高め、先行き不安なフランコ政権がこれを米西協定改定交渉の有利な進展に利用することを懸念していた。そのため同大使は、例外を適用するよう、国務省に進言した。前述のように、例外を適用すれば今度は他国との関係にも問題が出てくるのであるが。

最終的に、一九七五年七月、OASにおいて対キューバ外交・経済関係を自由化する決議が採択され、八月にはジェラルド・フォード大統領(任一九七四〜七七)は、米系企業が第三国に置く子会社経由での対キューバ取引を承認した。一九七〇年代、米国はキューバの問題でスペインとの関係を悪化させたくはなかったので、スペインの特異な政策に次第に寛容になっていった。またフォード政権は、米・キューバ関係改善を考えていたのである。

†名を捨てて実をとる？

一九七〇年代に、ハビエル・オヤルスン臨時代理大使はカストロと会見した。それは、カストロがスペインに対して敵意を持っているとは思えない歓待ぶりであった。おそらくカストロは国内向けには独裁者フランコのスペインを糾弾しつつも、内実はスペインとの貿易関係は継続しなければならないという問題もあり、友好的にせざるを得なかったのだろう。キューバが糾弾する「欧州の新植民地主義の首都」の中にも、マドリードは含まれていなかった。

すでに一九七〇年頃、財産補償の話し合いの枠組みの中で、大使の交換が話題にのぼっていた。一九七五年、スペインはキューバへ使節団を送り、最大の懸念であったスペイン人政治犯の解放、スペイン人の出国、在キューバ・スペイン人の国有化された財産補償について話し合った。これにより懸案事項はほぼ解決したとみなし両国は八、九月には相互に大使を送るに至った。

そしてスペイン国内での外務省と商務省の対立も、外務省が政治問題解決のカードとして次第に貿易協定を利用するようになり、前工業相でテクノクラート出身のロペス・ブラボが外相に就任して経済外交を進めたため、対立は収束に向かった。

フランコ政権は、一九六〇年代後半より、キューバとの貿易関係を強化することでカストロ政権（とくにカストロ）に好印象を与え、関係を改善していった。モロッコなど他の地域との外交問題が噴出するフランコ政権末期にも、キューバとの関係はむしろ安定路線へ向かったのである。

フランコのラテンアメリカ観に見られる、宗教的兄弟愛という大義のみでは解決が難しかったことも、経済という実を中心に据えることで面子を保ちつつ、スペインとキューバの間にもウィン・ウィンの関係が築かれていったのである。現在の米国とキューバの関係改善にも、ここから学べることはあるだろう。お互いの顔を立てつつ、二国にとって利益のある関係が構築されることを望みたい。

第六章

世代交代——ポスト・フランコ＝カストロ時代

1　非同盟中立の中道右派

†フランコの死で喪に服すキューバ？

スペインでは一九七五年にフランコが病死し、独裁体制はついに終焉を迎えることになる。この時期まで、西欧に独裁が残っていたという事実に驚く読者もあるだろう（ポルトガルの独裁は前年にカーネーション革命で終焉を迎えた）。スペインは、ようやく民主化への道を進むのだが、それに際して王政復古の形をとることになった。これもまた、世界に類を見ない事態であった。

以下では、フランコ以後のスペイン・キューバ関係を、主にスペイン側から見ていくことにしたい。フランコ派でない政治勢力によってスペインの外交は変わり、キューバ関係も大きく進展していくことになる。

一九七五年九月末、フランコ政権がテロリストに死刑を執行しようとした際、バチカンを含む世界各国は恩赦を求めた。また執行された後はこれに抗議し、欧州各国政府は大使を召還した。このとき、米国のステイブラー大使はたまたま帰国中であり、キューバはマドリードに同月着任したばかりの大使を召還しなかった。

その直後の一一月二〇日、フランコは病死した。キューバでカストロは、三日間の喪に服すことを発表した。

実はこれにも裏話がある。確かにカストロは「三日間喪に服す」と、在キューバ・スペイン大使館に対してキューバのドルティコス大統領の署名入り文書を送付した。着任間もない当時の駐キューバ・スペイン大使、エンリケ・スアレス・デ・プガは、通信社エフェの特派員に連絡し、スペイン人特派員はさっそく大至急電を打った。しかし半時間後、特派員はキューバ外務省から嘘つき呼ばわりされ、「帰国の用意をしろ」と言われたのである。

真相は、カストロが大使に送ったのは個人的な伝達であり、スペインとの関係や国際関係に鑑みて公にされるべきものではなかったのである。またスアレス・デ・プガ大使は、ハバナのスペイン関係の機関を訪れ、半旗を掲げるよう説いてまわったが、大使が帰った後には旗は元通りになっていた。

†スペイン民主化とキューバとの新たな関係

フランコ政権（一九三九〜七五）の長期独裁から民主化へのプロセスは、革命のような断絶の形でなされたわけではなかった。フランコの高齢化とともに、スペイン内戦時の敵も年老いた。スペイン内戦を戦った世代から内戦を知らない世代へ交代し、二者は和解していくのである。そしてフランコの存命中より、体制内から変革への力が結集され、平和裏に民主化移行が成し遂げられた。

フランコはすでに一九六九年、ファン・カルロス皇太子を後継者に指名していた。その指名通りにフランコ死去の二日後、ファン・カルロス一世として即位した。ガリシア出身のフラガ（第五章参照）は副首相兼内務大臣となり、元米国大使のガリーゲス（第四章参照）は法務大臣となった。

フランコの下で幼少時から教育された国王は、当然「フランコ派」であり、体制維持者として目されていた。ところが、国王は憲法が発布される一九七八年まで（そしてその後も）、外交の場で非公式チャンネルとして機能するのである。とくに米国と共産党に関しては、誰もが驚く八面六臂の活躍ぶりであった。

たとえば国王は、米国のキッシンジャー国務長官やルーマニアのニコラエ・チャウシェスク大統領に密使を送っていた。フランコ政権下では共産圏との国交はなかったが、フランコの死後、ルーマニアとの国交正常化やスペイン共産党合法化のために国王が動いていたのである。

また国王はフランコ時代の首相を罷免しなかったものの、その民主化プロセスの遅さに、内外から圧力をかけようとした。こうして一九七六年に誕生したのがアドルフォ・スアレス首相である。スアレスは、フランコ時代、ファランヘ党の「国民運動」の事務局長や国営テレビの社長を務めるなどしていたため、フランコ派からも彼らに不利な措置をとらない「安全な人物」であろうと見られていた。

ところがスアレスは、首相に就任するとともに右派から「中道」に動き、中道右派の民主中道連合（UCD）を結成した。新内閣には、フラガもガリーゲスも加わらなかった。フランコ時代に改革派であったフラガは、今度はフランコ派の人々を集めて、現存するスペインの政党である人民党（PP）の前身である国民同盟（AP）を設立した。すなわちスペインの中で「右派」を形成したのである。ただフラガに言わせれば、自分は変わっておらず、周りが変化したということのようである。

空港でスアレス（中央）を迎えるフィデル・カストロ、右はラウル・カストロ（1978年9月、EFE）

†キューバとの和解

フランコ政権の「右派」であったはずのスアレスは、ついに「非同盟中立」まで振れることとなった。当時、欧米の首長たちはキューバを公式訪問していなかったところへ、スアレス首相は、一九七八年九月にベネズエラとキューバを訪問した。キューバへは二日間の日程だったが、スアレスは大歓迎を受けた。ハバナのホセ・マルティ空港では、タラップの下でカストロが出迎えた。二人並んで歩くとき、カストロは冗談めかして儀典長に「（自分は）左を歩くのか、右か？」と言った。

そしてこのとき、両国は「和解合意」し、懸案事項であった多くのスペイン人の帰国がかなったのである。カストロはこのとき記者団を前に、フランコが帝国主義の米国の圧力に屈せず二国間のイベリア航空路線・砂糖貿易を継続し、キューバとの国交を「ガリシア人の頑固さで」維持したことを賞賛した。

カストロとスアレスは非常に良好な関係を維持したようで、一九八一年八月、すでに首相の座を降りたスアレスが、パナマへのトランジットでハバナに立ち寄ったときにも、一時間以上にわたって国際情勢などについて会談を行っている。このときも、カストロは、タラップの下でスアレスを出迎えた。

スアレス首相は、フランコ政権時代に国営テレビの社長を務めていただけあって、自分のアピールの仕方に長けていた。一九七七年の総選挙直前にも、在スペイン米国大使館の反対にもかかわらず、スペイン側はワシントンと直接話をつけてスアレス首相の訪米を実現させた。その際にジミー・カーター大統領（任一九七七〜八一）と談笑する写真は、米国紙では「ラテン・ケネディ」と評された。会談の内容はとくに実のあるものではなかったのであるが、同訪問を使ってスペイン国内に向けては米国の支援があることをアピールして、スアレスは内戦以降初の選挙で勝利したのである。アイゼンハワー大統領との写真を、国内向けプロパガンダに使用したフランコ政権を思い起こさせる。あるいは、カストロのように、米国のマスコミを味方につけたとも言える。

†スペイン、非同盟中立へ？

スアレス首相は、一九七九年ハバナで開催された非同盟運動諸国の第六回首脳会議に、オブザーバーを派遣した。カストロは、スペインが初めてこの会議に出席したことを評価し、欧州に帝国主義ではない友好国があると述べた。このことは、米国のスアレスに対する疑念を深めるのに十分であった。

さらにスアレスは、パレスチナ解放機構（PLO）のアラファト議長とも親交を深めていた。一九七八年、アラファト議長がスペインを訪問し、二人の抱き合う写真が広く報道され、マドリードにはPLOの事務所が設置された。ちなみにスペインは当時、イスラエルと国交を有していなかった。国交を樹立するのはEC加盟と同年の一九八六年である。以前にスアレス首相は米国の「助言」に従わず、総選挙前にスペイン共産党を合法化したことがあった。冷戦が継続している時代に、スペインの「非同盟中立」はジブラルタル海峡の中立をも招きかねず、米国としては首相のこうした態度は到底容認できなかった。一九六〇年代地中海の中立を唱えたスペインのカスティエーリャ外相が、米国の圧力で任を解かれたことは前に述べた通りである。そのため、米国からはスアレス首相は「危険人物」としてマークされたのであろう。

またスアレス首相は、民主主義を定着させるために、当然外交よりもスペイン内政に重きを置き、また英語を話せなかったこともあって、フランコ時代から変化のない「親アラブ、親イベロアメリカ」外交政策を繰り返していた。実はカーター大統領を訪問した際も、スアレスが英語を話せないことが判明すると、正午近くであったにもかかわらず昼食会はキャンセルになっていたのである。カストロもスアレスもある意味で「米国の敵」であったという点は、両者に共通であろう。

こうしてキューバとスペインの関係は、新たな幕開けを迎えるのである。民主的な国家には選挙がある。選挙があるということは、米国のようにスペインのキューバ政策も、他陣営との差異化を強調する争点となりうるのだ。

確かにフランコ時代、そして選挙が行われて憲法が制定された中道右派のUCD時代と、スペインはキューバの人権問題について声高に非難しなかったし、またできなかった。このことも、両者の関係がスムーズにいった一因であろう。またスペインはNATO加盟が一九八二年、EC加盟が一九八六年であったことから、加盟まではそれらの加盟国との横並び関係という縛りもなかった。

2 冷戦終焉へ――ミドルパワーのスペインにできること

†スペイン共産党書記長カリーリョとカストロ

スペインのフランコとスアレスという、右派のリーダーとカストロとが息が合ったならば、スペインの左派のリーダーとカストロはどのような関係を構築していくのだろうか。カストロ政権はフランコ政権と国交を保っていたが、その当時スペインの共産党とはどのような関係を維持していたのであろうか。

フランコ政権下では、ファランへの流れをくむ「国民運動」以外の政党は、非合法であった。スペイン共産党は、亡命して外国からフランコ・スペインを批判していた社会労働党（PSOE）やマルクス主義統一労働者党（POUM）などとは異なり、フランコ政権下においても祖国で根を張って地下活動を展開していた。フランコ政権は労働組合運動も制限していたが、一九五六年の国際労働機関（ILO）加盟を契機に、その二年後団体労働契約法を制定した。労働条件に関する交渉が、労使間で行えるようになったのである。

さらに一九六二年には、ストライキが認められるようになった。非合法のスペイン共産党は労働者委員会を形成して、一九六六年の組合選挙では予想以上に支持を集め、労働組合運動を通じて勢力を拡大していった。

そのスペイン共産党の書記長は、サンティアゴ・カリーリョであった（任一九六〇〜八二）。彼は一九六〇年、カストロとハバナで会っている。それはカストロが国連総会で演説し、そしてテレサ・ホテルでマルコムXと出会うことになる米国渡航の前日であった。二人は夜一二時頃から夜通し話し合い、別れたのはカストロがキューバを発つ二時間前であった。カリーリョによれば、カストロはいつ寝ているのかわからないほどで、決して疲れた様子を見せなかったという。そしてそれ以降も二人は何度も会うこととなった。一九六三年一二月から翌年一月にかけては、スペイン内戦の女傑ラ・パショナリアやカリーリョ書記長らスペイン共産党の幹部がハバナに集合していた。

カリーリョは、カストロに非常に大きな尊敬の念と友情を感じていた。「カストロはキューバ国民に独立と自由を取り戻し、人種差別を終わらせ、キューバに国の尊厳を取り戻した」という。また「米国に対抗しキューバとキューバ国民の払った犠牲は、その後ラテンアメリカの左派勢力の見本になった」という。またカストロがガリシア人移民の子であるので、スペイン、反フランコの大義を非常に近く感じているという印象も持っていた。

確かにカストロはフランコ政権と国交を保っていた。しかしカリーリョの見方によれば、一九六〇年の国連における演説のように、可能なときには帝国主義批判の大義を支援してくれたという。カリーリョはまた、オバマ大統領の就任時、「米国はまずキューバとの経済封鎖を解かなければならない」と意見していた。つまりカストロの言動は、右派のフランコにも左派のカリーリョにも支持・評価されていたということである。

カリーリョもまた伝説の人であった。一九六八年のソ連によるチェコスロバキア侵攻を非難し、その後はソ連と距離を置いてイタリアやフランスの共産党とともに複数政党制・議会制民主主義をうたうユーロコミュニズム路線をとった。フランスから密入国した際、共産党の共鳴者で、画家パブロ・ピカソの床屋であった亡命スペイン人の作成したかつらを使用していたことから、「カリーリョのかつら」は民主化後有名になり、現在は史料館におさめられている。

一九八一年議会が占拠されて、閣僚を含む議員たちが人質にとられたクーデター未遂事件（23―F）の際にも、銃を発砲して「伏せろ！」と叫ぶ占拠者たちに対して、頑として伏せなかったのは、当時の首相スアレス、副首相兼国防相で軍人のマヌエル・グティエレス・メリャードのほかは、カリーリョだけであった。カストロは、こうした志を強く持つリーダーたちをかぎわける能力があったのであろう。フランコ政権と国交を保ちつつ、同志との絆も深めていたのである。

†ゴンサレス首相とカストロ

一九八二年一〇月の総選挙でPSOEが政権の座に就き、フェリペ・ゴンサレスが首相となった。

カストロがはじめてスペインの地を踏んだのは、一九八四年二月、ソ連のユーリ・アンドロポフ書記長の葬儀の行われたモスクワから帰国する際のわずか五時間の「トランジット」の際であった。これはカストロの初めての西欧の首都訪問でもあった。スペイン外務省がこの訪問を知らされたのは、わずか二日前である。それでもすべてを首尾よくアレンジしてしまうのが、スペインの儀典の柔軟性、底力である。このとき、カストロはファン・カルロス国王とも電話会談し、国王をキューバに招待している。その後国王は一九九九年の第九回イベロアメリカ・サミットの折に、訪問することになった。

カストロはニカラグアの政治家ダニエル・オルテガとともに、マドリードの空港に降り立った。オルテガは、キューバに亡命していたこともあり、後に大統領に就任する。ゴンサレス首相はタラップの下で彼らを迎え、昼食に招待した。会話の中では当然中米和平のテーマが挙がった。ゴンサレス首相は、米国の関与する中米紛争の平和的解決に積極的に関与していたからである。その他、カストロは科学技術やスペインの産業再生などにも興味を持ったようである。

またこの時期、米国に亡命しカストロ政権を打倒しようとして、キューバで禁固刑に処せられていたスペイン人、エロイ・グティエレス・メノーヨ（第二章参照）の釈放問題が外交上の懸案となっていた。カストロのスペイン訪問に際しても、彼の家族やキューバ人亡命者が空港に押し寄せ、釈放すべきだとカストロを非難した。

ゴンサレス首相は、以後もグティエレス・メノーヨの解放に尽くした。彼は結局、一九八六年に解放されることとなった。グティエレス・メノーヨはその後米国に居住するも、二〇〇三年に七〇歳近くで再びキューバに渡り「内側から体制を改革する」として晩年まで過ごした。なおキューバで彼は「ガリシア人、メノーヨ」と呼ばれていた。彼はガリシア人ではないが、前述のようにラテンアメリカでは、スペイン人移民を「ガリシア人」と呼ぶことがあるためだ。

一九八六年一一月には、ゴンサレス首相がキューバを公式訪問した。一九八九年にも、カストロとゴンサレスは、ベネズエラ大統領就任式でエル・サルバドル情勢について語り合っている。スペインはキューバとともに、米国と対抗してその地域での発言力・影響力拡大を目論みつつ、ラテンアメリカの和平に貢献しようとしていたのである。

†関係のきしみとソ連崩壊

不思議にもゴンサレス首相は、米国のレーガン共和党大統領（任一九八一～八九）と息が合ったようだ。そしてスペイン国内では経済的にも次第に新自由主義的政策をとるようになり、労働組合のUGTの支持をなくしている。カストロから見れば、フランコ独裁政権下に大義を持って闘ったゴンサレスは、次第に保守化しているように見えたのであろう。カストロはゴンサレスが社会主義者ではなくなって、ゴルバチョフのところにアドヴァイザーを送り、ソ連の崩壊を早めたとまで述べている。一方、ソ連の経済的な後ろ盾を失ったキューバは、やがて経済危機に陥っていくことになる。

カストロは一九九二年に、第二回イベロアメリカ・サミット、バルセロナ・オリンピック開会式、セビーリャ万博式典出席のため、スペインを訪問した。当時、二国間関係はきしみ始めており、カストロは当初スペインを訪問しないと言い張っていた。キューバが出席しなければ、イベロアメリカ・サミットは台無しになり、スペイン外交の敗北となってしまう。

これはカストロの一種のパフォーマンスだったのかもしれない。結局七月、カストロはスペインを訪問した。スペインの顔を立てたのである。しかもこのとき、キューバはオリ

カストロとマンデラ（1998 年 5 月 19 日、ＥＰＡ＝時事）

ンピックでメダル獲得数第五位という快挙を遂げた。開会式には、一九九四年に大統領となるマンデラも出席していた。

†フラガ・ガリシア州首相とキューバ

フラガはフランコ派を結集して保守政党である野党APをつくったことは先に述べた通りである。そのフラガが一九八五年に、グティエレス・メノーヨが獄中で記した本を紹介しているのである。グティエレス・メノーヨは、スペインにおいては思想の左右に関係なく注目されていたようだ。

グティエレス・メノーヨはガリシア人ではないが、フラガは常に世界に散らばるガリシア人を気遣って、一九九〇年にガリシア州首相になってからはガリシア人コミュニティーのある欧州やラテンアメリカを訪問していた。フラガの父親も貧しい農民の出身でキューバに移民し、キューバで財を成していたからである。フラガ自身はスペインで生まれたものの、一九二六年、四歳のときにキューバに渡り、二年間キューバで過ごした。そのためスペインに帰国したときは、キューバのスペイン語のアクセントがついていたという。

フラガが一九九一年にキューバを訪問した際、フラガはあたかも国賓のように歓待され、一日平均八つの行事が予定されていた。フラガは自分が昔住んでいた家で食事をし、親戚の墓参りをした。またキューバ観光定番のキャバレー、トロピカーナは訪問せず、ガリシアから一三トンの食料を持ち込んで、三〇〇〇人のガリシア人を招待し、ガリシア風たこ料理、ガリシア風パイなどを振る舞った。

カストロとフラガの二人は意見が合ったようで、のちにカストロは「もしフラガがヨーロッパの右派の代表者だったなら、自分も右派を支持する」、さらには会うこともなかった英国のマーガレット・サッチャー首相ともうまくやって行けただろうとまで述べている。カストロは、単にふるさととしてのガリシアへの思いという共通項からフラガと親しくしたわけではなかった。また、単なる「反資本主義」「反帝国」論者でもなかったのである。

前述のように一九九二年、スペインを訪問したカストロは、フラガ・ガリシア州首相に招待されてランカラ村を訪問し、感極まっていた。アンヘルの生家は一階建ての石のつましい家で、以前からカストロは客に写真を見せて自分の祖先の貧しさを示していたという。ここでカストロは、ドン・キホーテを念頭に「(自分の)体も心もガリシアにあるような

ガリシアを訪問するカストロとフラガ（1992 年、EFE）

気がする。私に流れるスペインの血は、私に勇敢さ、冒険心、無謀な精神をもたらした」と言った。

フラガ州首相も、移民せざるを得なかった当時のガリシア人の置かれた厳しい状況に思いをはせ、歓迎の言葉を述べながら涙していた。フラガは、「キューバはガリシアにとって家族のようなものだ。家族なら、間違いも許すし、自分の間違いも認められる」と言っている。

民主主義下、外務省以外のアクターもスペイン外交に活躍するようになっていくのである。とくにフラガのガリシア州や、カタルーニャ州の活動の増加には目を見張るものがある。筆者は幸い、州首相時代のフラガと隣席で会食する機会があったが、形式的なプロトコールを破って非常に紳士的であった。このような大義ある人々は、思想を超えわかり合えるのだろうと実感した。

†マイアミと冷戦プロパガンダ

このようなアクターの多様化として、もう一つ忘れてならないのは、マイアミの反カストロ派の亡命キューバ人の存在である。一九八一年に亡命キューバ人、ホルヘ・マス・カノサによってキューバ・アメリカ財団（CANF）が創設され、一九八五年にはレーガン政権の支援で反カストロの放送を行うラジオ・マルティが開始された。過激な言動を行うCANFは反カストロ運動の中心となっていった。

レーガン政権は、ヒスパニックの人口が増加するフロリダ州で票田を拡大しようと、強硬な対キューバ政策を行うようになっていった。一九九〇年代にも、ソ連の崩壊後に米国政府の対外放送への予算が削減される中、ラジオ・マルティだけは例外であった。冷戦終焉後、キューバに関する問題（ソ連との軍事関係、ラテンアメリカへの革命輸出停止、アフリカからの軍事撤退）は解決したので、キューバ問題は米国の国内問題となっていった。

しかしながら、ラジオ・マルティ、TVマルティは、カストロ政権によって受信妨害された。そのため、米国は何度か予算を削減しようと試みるも、結局誰も見ることができないテレビ放送に何百万ドルもつぎ込むことになる。それは、ポスト冷戦期、二〇〇〇年の大統領選挙での大接戦で明らかになるようにフロリダが大統領選挙のキャスティングボートの票田として重要であったためである。

現在では、マイアミでもキューバ系米国人の世代交代が進んでいる。二〇〇九年には、米国全土で見ても、キューバ系米国人のうち約四一パーセントが米国生まれで、一九九〇年以前に米国に入国したのはキューバ系米国人の約五三パーセントである。亡命世代の次の世代は、亡命世代のキューバでの記憶・アイデンティティーをコミュニティーの歴史的遺産として理解しつつも、キューバ系米国人が牛耳る放送以外のラジオやインターネットを通じて幅広い情報を得ている。つまり、反カストロ派の主張を一方的に受け入れるのではなくなっているのだ。

一方、スペインの人民党（PP）は、CANFとの結びつきを強め、PPのホセ・マリア・アスナールはマス・カノサの専用機で中米を訪問し、スペイン総選挙の資金援助を得たと言われている。

3　新世代へ

†人民党時代

一四年間近く政権の座に居座り続けたPSOEの内部では、やがて汚職が問題となってきた。その結果、一九九六年の総選挙でPSOEは大敗を喫し、保守派のPPへの政権交代がなされた。

新たに首相となったアスナールは、カストロとは当初よりそりが合わなかったようである。同年一一月に開催された第六回イベロアメリカ・サミットにおいて、二人は初めて出会った。ネクタイの交換というパフォーマンスを仕組んでみたものの、アスナールは、キューバではなく「カストロ政権」に対する強硬な態度を崩さなかった。

その直後、PPは新しいキューバ大使として、スアレス元首相に近く、筆者が在学中外交官学校の校長を務めていたジュゼップ・コデルクを大使に任命しようとした。しかし、彼が「スペイン政府はキューバの民主化支援を望んでいる」「体制反対派にも、広く大使館の門戸を開いている」と発言したことから、キューバ側はアグレマン（外交官として派遣することに対する同意）を出さず、大使着任を拒否した。ここからPPとキューバとの関係に、暗雲が立ち込めてくるのである。

欧州を重視したPSOE前政権に対抗して、PP政権は大西洋主義を明確にした。すなわち、スペインは欧州の中で発言力のある大国だとして、米国（当時は父ブッシュ大統領）へ接近した。

こうして「新しい欧州」の一員にしてもらったスペインは、二〇〇四年にアルカイダ系の人々による無差別テロという高い代償を払うことになる。

†新しい世代による新しい二国間関係

二〇〇四年三月のマドリードでの無差別テロ直後の総選挙で、PSOEが再び政権の座に返り咲いた。ホセ・ルイス・ロドリゲス・サパテロ首相は欧州の中のスペインを再度強調し仏独と協調路線をとり、欧州とラテンアメリカの懸け橋たろうとした。サパテロはフェリペ元首相とは異なり、カストロと個人的なつながりはなく、欧州連合（EU）の枠組みの中で動こうとしたのである。つまり、別の見方をすれば、EUが反対すれば、それを否定してまで行動しないということである。

とくに人権に関する事項が問題となった。フランコ独裁政権を過ごしたスペインは、民主化移行期から人権擁護や民主主義を念頭に外交を行ってきていたが、サパテロ政権の人権擁護・民主主義促進政策には一貫性が見られないとの批判もあった。たとえば、キューバ・モロッコ・中国・赤道ギニア政策に関してである。これは、他のEU加盟国の不信を招くものであった。

サパテロ政権はキューバの民主化プロセスに関して、スペインが仲介者になり、キューバにおいて積極的な役割を果たすことができると強調した。しかしすでにスペインは、ラテンアメリカやキューバ政策について欧州の中でイニシアティブをとって新たな政策を打ち出すことが不可能になっていただけでなく、かえって言動の非一貫性と非明確性によって、混乱を生じさせてしまったのである。

二一世紀スペインの中流層は、キューバとカストロ兄弟を明確に区別して考えている。つまりキューバやキューバ人には親近感を持つが、カストロ兄弟には別の感情を持っている。ラテンアメリカの中で一番親近感を持つ国はどこかとの二〇〇三年のアンケート調査では、アルゼンチン（二〇パーセント）、メキシコ（八パーセント）に次いでキューバ（七パーセント）が挙がった。またキューバに対して親近感を持つかとの問いには、六三パーセントが持つと答えている。キューバ人に対しては五〇パーセントである。その一方で、八六パーセントが、キューバには民主主義体制を打ち立てるべきと思っているのである。そして二〇一〇年には、四分の三の人々が、国際社会はキューバの人権問題に対してさらに圧力をかけるべきと思っていた。

二〇一一年の総選挙では、再びPPが政権を握り、ガリシア出身のラホイが首相となった。すでに公職を弟ラウルに譲ったフィデルは、ラホイを「ファシスト」「フランコの崇拝者」と非難している。ここでは、フランコがネガティブな形容詞となっている。

†世代交代と外交アクターの多様化

二一世紀に入って世代交代が進むとともに、スペインとラテンアメリカの間に、少しずつ距離ができ始めてきている。ラテンアメリカ諸国一般に対してそうだが、スペイン国民はこれらの国に親近感は持つものの、その国が信用できるかどうかは別問題だと思っていた。二〇一一年末のアンケートでは、六割のスペイン人が欧州を外交のプライオリティーと考えていた。第二位は米国の一六パーセントであった。二〇〇〇年頃、欧州優先という回答は六〇パーセントと変わらなかったが、第二位がラテンアメリカの一一パーセント、米国は第三位の六パーセントであった。スペインでも、かつての貧しく移民を排出していた時代の厳しさを知らない世代、スペイン内戦はもちろんキューバ革命も知らない世代へと交代しているのである。

またスペインでも外交のアクターが多様化し、一種の特権階級の間だけで行われていた外交も、幅広い層が情報を得て影響力を及ぼせるようになってきた。民主化後は、フラガの外交にも見られたように、バスク、ガリシア、アンダルシア州などの地方政府がキューバとの関係を保ってきている。また二〇〇六年、スペインのシンクタンクの分析では、キューバの変革に関しては、軍・共産党・教会が重要であるとされ、スペイン側は共産党および教会とは緊密な関係を保っているが、軍とはほとんど交流がないとされた。

アクターの多様化は、しかしまたフランコ政権時のような「一本化」された、継続的な外交も難しくなっていることも意味する。総選挙に際して、前政権との違いを強調して打ち出そうとすることもある。さらに現在は、経済危機による外務省のODA予算などの大幅削減によって、外交の継続性が損なわれる危険性にもさらされている。

カストロはその現役時代に、スペインのフランコ独裁政権、民主化移行期、左派のPSOEと中道右派のPPによる二大政党時代、一人の独裁者と六人の首相、その他大義あるリーダーたちを見てきた（スアレスとゴンサレスの間に、UCDのカルボ・ソテロ内閣があったが、任期は一九八一〜八二年とスペインの首相としては短期であった）。基本的にスアレス首相の路線を踏襲し、キューバとの関係は良好であった。その中でカストロが重視してきたのは、そのリーダーたちの思想ではなく、そのリーダーが筋を通しているか、大義があるかどうかであったように思われる。そのため大義のない政治家、筋を通さなくなった政治家については、容赦なく批難している。

スペインのほうを見れば、フランコの後も二〇世紀末までの首相たちは、外交においても官邸中心の強いリーダーシップを発揮していた。しかし、二一世紀に入り、新たな世代による新たな外交政策が実施されるようになり、その結果、キューバ・スペイン関係は現在、転換期を迎えていると言ってよいだろう。

終章　万物流転——歴史に名を残すのは

†義理人情

一九九六年一二月一七日、駐ペルー日本大使の公邸がトゥパク・アマル革命運動（MRTA）というテロリストに占拠される事件が起きた。当時のペルー大統領は日系のアルベルト・フジモリ氏であった。筆者は、当時勤務していた在スペイン日本国大使館から一カ月ほど現地へ出張し、支援を行った。この占拠は四カ月続いたが、大統領の強行突破によりテロリストは殺害され、ほとんどの人質が救出された。

解決までの間、公式・非公式ネットワークによる交渉がさまざまなアクターの間で行われていた。その中でも、ペルー南部のアヤクーチョの大司教でオプス・デイ出身のシプリアーニ大司教と、当時の駐ペルー・カナダ大使の活躍がとくに目立った（そのカナダ大使はその後駐スペイン大使に転出した）。フィデル・カストロは、MRTAの亡命を受け入れる意向もあると表明した。スペインもその裏で動いていた。

MRTAメンバーは、最後の瞬間まで自暴自棄にならず、人質に危害を加えなかった。人質に銃を向けるも思い止まって躊躇した瞬間に射殺されたメンバーもいたと報じられているが、これはフィデル・カストロへの恩義（受け入れてもらえる場所を提供されたこと）を決して忘れなかったことを示しているのではないか、と当時の田中駐キューバ大使（第一章参照）は言っている。

一方、当時の橋本龍太郎首相は、人質事件の際のキューバへの恩義を忘れず、二〇〇一年一〇月に訪問した際、カストロと八時間議論したという。通訳も大変だったと思うが、カストロと八時間議論できる日本の、いや世界の政治家はどれほどいるだろうか。大義ある人同士は、わかりあえるのだろう。どちらかと言えば寡黙なフランコも、カストロと議論する機会があったらこれだけ話しただろうか。ヒトラーとの会談時のように、聞き役にまわったかもしれない。

†単純な二分法の誤り

冷戦期の世界を見る際、我々はまず、共産主義か否かで二極にグループ分けしがちである。しかしそれでは見誤る部分が多い。それは、スペイン内戦とその後、人々が共和国派とフランコ派どちらの陣営だったかと単純に二分して見ると歴史を読み間違えるのと同様である。キューバには、反フランコ、親フランコ、さまざまな人々が入り乱れており、多様性の許されなかったフランコ下のスペインの、ある意味代わりの場所、「リトル・スペイン」になっていたのではないか。そのため、スペインが民主化してしまうと、スペイン人にとってのキューバの存在意義、立ち位置が変化するのである。

複数の史料館の史料を用いると、カストロの国内外へのプロパガンダ的な公の場での発言と、内輪での発言が異なることも見えてきた。ケネディ、フランコ、スペインに対する感情は、公の発言だけを見ていてはわからない。政治理論に当てはまれば、外交は成功するものでもない。経済外交は切り札となることもあるが、効率性重視だけでもスムーズにはいかない。大義ある外交は共感されるかもしれないが、犠牲を伴うこともある。しかし精神的な視点が欠けていては、対米、対スペイン関係や国際関係の中でのキューバの立ち位置は理解できないであろう。

指導者には、面子と名誉もある。外交交渉でも、長期にわたる良好な関係を築きたいならば、一方が大勝して禍根を残したり、一度だけの交渉の勝利をもって終わりにしたりしてはならない。フランコもカストロも、たとえば政治犯釈放の交渉を行うにもさまざまなテーマの包括的交渉を行い、一方的にどちらかがひとり勝ちする交渉をつくらなかった。本音と建前を使い分け、お互いの面子を立てながらの交渉であった。そのため対国内プロパガンダと、対国外パブリック・ディプロマシー、そして相手国の交渉相手によって態度をうまく使い分けていた。時として国民には真実を知らせずにだが……。

米国・スペイン・キューバの関係を見てくると、民主主義と世論についても考えさせられる。多くの国民にとっては、目先の生活が重要である。意見の言える民主主義も大切であるが、それには大義のある長期的視野を持った政治家を生み育て、盛り立てていかなければならない。単に反対ばかりを声高に叫ぶのであってはならないはずだ。

†二国はなぜ国交を維持したのか

いま一度、キューバとスペインの二国がなぜ国交を維持したのかという問題に立ち戻りたい。その理由として、大きく分けて両国の独自外交政策、スピリチュアルなつながり、プラグマティックな通商政策が挙げられる。

スペインもキューバも、冷戦の二極対立から外れた立場にあった。スペインは東側諸国とは国交もなく、米軍を受け入れてNATOに近かったので西側であるし、キューバはソ連からの支援を受け入れていたので東側であったと言える。しかし両国とも、米国に対抗して、「独自外交政策」を強調しようとしたのである。多様性を有する国をまとめるのに必要なのは、厳しい規律と外にある共通の敵である。両国とも、困難を承知で第三の道を模索していたのである。

さらにスペイン内戦による人々の往来のほかに二国の絆を強めたのは、カトリックという宗教である。今まで見てきたように、フランコ政権下のスペインの外交官は、旧植民地のキューバで、思想は異なるカストロ政権下でも米国大使とは異なる鋭い嗅覚を持っていた。確かに共産党とカトリックが両立しているのは不思議ではあるが、歴代の教皇も行き過ぎた資本主義に心を痛めていたというのは、カストロと共通するところがある。ここまでの経緯を見てくださった読者の皆さんは、カストロの中のカトリックを理解なさっただろう。また日本もそうだが、スペインとキューバという、資源を持たざる国ならではの精神性の強調かもしれない。

今回の米・キューバ国交回復への道も、カナダと教皇庁が活躍したという。ペルーの日本大使公邸占拠事件と同じく、ミドルパワーのカナダと、カトリックという宗教が活躍したのである。皮肉にも、カトリックを国教としたフランコ政権下でも、教会は次第に独裁批判へ動き、フランコ政権末期にはスムーズな民主化移行を支援する側へまわった。大使公邸占拠事件でも今回の米・キューバ関係正常化でも、スペインは表には出てこないが、それまでキューバとカトリックの間に入って信頼を築いてきたスペインの役割は軽視できない。スペインとキューバとの「共通の歴史的つながり」は、政治制度でも、経済利益関係でもなく、まさにスピリチュアルなものなのである。

「米西戦争敗北で失ったスペインの名誉を回復したのが、キューバ革命だ」とカストロが言うように、二人の間には冷戦期のイデオロギーを越えて、ガリシアを通じ何らかのスピリチュアルなつながりがあったのだろう。

もう一つ、キューバとスペインの国交を維持したものとして、プラグマティックな通商政策の存在があった。精神的な二国の絆が強調されつつも、貿易関係は維持された。米国中心の国際経済システムからはずされそうだった二国は、米国の経済制裁（経済封鎖）の圧力下にもかえって貿易額を増加させた。時には政治犯解放も取引材料となった。

そして軍隊的モラルに裏打ちされた自律的な強いリーダーシップがゆえに、二人とも長期的視点で外交や国について考えることができた。資源が乏しくても、自らにも厳しい、強いカリスマリーダーの下でならば、国民もある程度は耐えられるかもしれない。反対に、バティスタは軍人ではあったが、豪奢な生活におぼれてしまった。大義のないリーダーは、マクロの数字だけで帳尻を合わせようとし、汚職を行う政治家は国内ではもちろん他国の尊敬も得ないのである。スペインにも大義ある政治家がおり、二〇世紀まで首相の強いリーダーシップのもと外交が行われていた。

モラルを重視したフランコとカストロ。内政に関しては批判も当然あるが、互いに優秀な軍人として、尊敬しあっていたのではないか。キューバはスペインの植民地であったというプラスの面の「歴史的つながり」を持ち出しつつ、政治問題にはある程度目をつぶりつつ、経済関係を強化して、良好な関係のイメージを持つ二国を演じ続けたのであった。

その際には国際世論、国内世論を動かすため外部のメディアをどのように利用するかが重要であった。スペイン内戦は、冷戦へと続く第二次世界大戦への前哨戦であった。内戦の勝者・敗者がキューバで入り混じり、二国間関係を複雑にした。さらに米国では、スペイン内戦の大義を支援した知識人たちはマッカーシズムを経て、一時期キューバ革命に大義を見出した。そのためバイアスのかかったマスコミや国務省によって、キューバ革命は評価された。

つまりスペイン内戦から冷戦期米国のメディアは、冷徹な独裁者フランコ像を強調し、革命前後のカストロを偶像化し、米国国内の世論を形成していった。逆に、自国では報道の自由を認めないフランコとカストロは、自分たちの良いイメージを米国のマスコミを使って国内外にアピールしようとした。

†歴史に名を残すのは

「世界を変えることはできる、そう考えるクレイジーな人が、本当に世界を変えている」と言ったのはスティーブ・ジョブズであった。志士たちに、「諸君、狂いたまえ！」と言ったのは吉田松陰であった。スペイン内戦を戦ったフランコ、若き日のカストロはまさにこれらに当てはまるかもしれない。

またチェ・ゲバラは「若者は、創造しなければならない。創造的でない若者は、本当に異常である」「我々の作品の基本素材は、若さである。そこに我々は希望を託し、我々の手から旗を渡す用意をしよう」と言い、若者に希望を託した。ゲバラは、三〇代前半でキューバ革命を起こし、キューバ国立銀行の総裁、工業大臣を歴任した。享年三九歳である。彼はいつまでも権力にしがみつかず、次世代の育成を考える、政治家というよりは革命家であった。

キューバ革命は、フランコ打倒を目指す亡命スペイン人、そして欧州で孤立していたフランコ政権にとって、頼みの綱であった。のみならず、日本の一部の世代にも夢を見させてくれた。しかしスペインでも、日本でも、キューバでも、そして米国でも次の世代にバトンを渡すときが来ている。

米国側にも、キューバとの関係正常化を推進しようとした政治家がいた。しかしやはり、反米を大義としたフィデル・カストロが権力の座にある限り、それは難しかったようである。その意味ではフィデルがラウルに政権を譲っている現在、関係正常化もキューバ側が「米国に屈した」とされて、少なくともフィデルの名誉に傷をつけることはないだろう。

そのためオバマ大統領は、歴代の米国大統領たちよりは、若干自由に動けているのかもしれない。二〇〇八年一一月、大統領選挙でオバマが当選した直後、ハバナの利益代表部周辺にあった反米キャンペーンの立て看板が撤去された。翌年六月には、そのオフィスの外壁に電光掲示板で政府批判のメッセージが流れていたのが、中止となった。二〇一〇年ハイチ大地震では、米国は医療品をキューバの医療チームに提供する一方、キューバは米国の、被災者輸送機のキューバ領空通過に許可を出した。しかし過去半世紀にわたる対立があるため、国交回復に関しては容易には合意に至らなかった。

ついに二〇一五年四月一一日、米州首脳会議において、オバマ大統領とラウル・カストロ議長の「歴史的」な会談が行われた。ニューヨーク・タイムズ紙は、「Obama Meets Raúl Castro, Making History」と題した記事を掲載した。歴史を書くのは勝者であるが――そして長く生き残った人が語る――、フィデル・カストロが「歴史は私に無罪を宣告するだろう」と述べてから六〇年以上経った今、歴史をつくるのはキューバだろうか、米国だろうか、両者であろうか。それとも、第三者であろうか。

一五世紀のスペインの詩人、ホルヘ・マンリーケのいう「永遠の生命」を歴史に刻むのは誰だろうか。吉田松陰も、「吾れの得失、当に蓋棺の後を待ちて議すべきのみ」(留魂録)といっている。歴史に名を残したいというのは、いつの時代でも同じであろう。歴史に名を残す政治家というのは、どこか筋が通っている。政治屋ではなく、良くも悪くも命を賭けているのである。

フランスの画家ポール・ゴーギャンの絵に、「我々はどこから来たのか、我々は何者か、我々はどこへ行くのか」と題されたものがある。宗教的兄弟愛を持つカストロもフランコも、ガリシアという先祖の土地から来て、自分が何者かを同時代人に示し、良い意味でも悪い意味でも、歴史に名を残したのではないだろうか。

あとがき

二〇一五年夏、筆者はスペインのトレドを訪れた。モームの『人間の絆』の主人公が感動した、エル・グレコの絵『トレド遠景』そのままの中世の街並みが残されている。この街の高台に、陸軍博物館がある。ここは旧王城《アルカサール》で、かつてフランコが学んだ陸軍士官学校が置かれ、内戦時はフランコ軍が立てこもった場所でもある。久しぶりに訪問すると、博物館の展示方法が中立的なものに変わっていた。フランコの評価については現在も毀誉褒貶がつきまとうが、歴史を語り継ぐとはどのようなことなのかを改めて考えさせられた。

「カストロとフランコ」というテーマは、筆者が博士論文執筆前から温めていたものであった。なぜカストロ・キューバとフランコ・スペインが国交を維持したのか。なぜバティスタを「支援」していたはずの米国は、スペインよりも先に革命政府を承認したのか。なぜ冷戦期に他の東側諸国がバチカンとは国交を持たなかった中、キューバはバチカンと国交を保つだけでなく、良好な関係を維持していたのか。これらの矛盾が、どうしても気になったのである。

以前からカストロとフランコについて論文を発表してきたところ、幸いなことに反響があった。国外でもイタリア人研究者の目に触れ、英語からイタリア語に訳されてイタリアの学術誌に掲載されたこともあった。フランス人の若手研究者からも、キューバ研究という共通項で刺激をもらっている。世界的に、現代スペイン―キューバ関係の研究は興味を持たれつつあるようだ。

矛盾する事象は見過ごされがちだが、それらを丹念に読み解いていくと、「常識」と思われたものが覆される。そして残ったのは、大義ある人々という核であった。キューバに関する本は日本語でも多く出版されているが、本書はそれらとは一風変わった角度から見ることで、これまでの常識を覆そうという試みであった。それが成功していれば幸いである。

実は、本書にはもう一つ隠れたテーマがあった。世代交代である。

筆者の大学時代の恩師には、生きた言語の世界、現在進行形の世界事情を、熱を込めて話してくださる方がたくさんいらした。当時我々は無知な若者ではあったが、先生方の生きた学問に懸ける情熱は十分伝わった。ガルシア・マルケスの原文を暗誦したことも（残念ながら内容は覚えていないが）、今は良い思い出である。現在、人生経験を積んで読み返すと、仕組まれた「謎解き」が非常に面白く感じられる。

現在、筆者は教える側に立ち、次世代を育てる立場にある。日本大学商学部の一部の学生たちと、原文でカストロのインタビュー、ガブリエル・ガルシア・マルケスの小説の一部、ルイス・ボルヘスの短篇などを読んでいる。彼らの中には、私がまだ読んだことのないチリの作家ロベルト・ボラーニョの作品（日本語訳ではあるが）を読んだ学生もいる。

イノベーションを生み出し、自分の付加価値を高めるには、異質なもの同士のかけ合わせが大切なのだ。そのように筆者は学生たちに常に言っている。教育というものには即効性がなく、目に見える成果が出るまでに時間がかかる。大学での教養課程は、遠回りに見えても必ず何らかの成果を生み出すはずだ。学生たちが何年も後に、若い頃に取り組んだことを思い出して、人生の中で役立ててもらえるものと信じている。

二〇一五年はフランコ没後四〇年であった。八二歳という長寿で、病床にて天命を全うしたが、本文で触れたように、その後のスペイン政界における世代交代は比較的うまく進んだ。一方、カストロは二〇一六年で九〇歳を迎える。キューバにおける世代交代の成否が世界的な関心事になりつつある。

かつてチェ・ゲバラは、三〇代ですでに後輩の育成を考えていた。筆者自身も、次世代を育てているうちに、彼らが我々世代にない新しいもの、新しい世界に対応する力を持っていることが実感できた。キューバにおいても世代間の対立ではなく、今までの良き伝統を受け渡しつつ、時代の変革に対応していけるような世代交代を望みたい。そうすることで現在の米・キューバ関係も、スペインの民主化のように上手な世代交代によってソフトランディングできるかもしれない。

出版を心待ちにしてくださったが、その前に旅立たれてしまった坂本重太郎・元駐スペイン大使に、本書を捧げたい。また、ここですべてのお名前を列挙することは不可能であるが、お世話になった世界中の先生方、各国のキューバ研究者の皆さん、外務省の先輩方、インタビューに応じてくださったキューバで商務担当官であったアルベルト・レカルテ氏、とくに写真を快く提供してくださったフランシスコ・フランコ財団をはじめ、史料を提供してくださった各国の史料館の方々にこの場を借りて御礼申し上げたい。そして出版を後押ししてくださった専修大学の伊藤武先生、世紀をまたいで抱えていた膨大なテーマをこの世に形にして出してくださったちくま新書の松田健さんに感謝したい。最後に、いつも私を支えてくれる家族に感謝する。

二〇一六年、カストロ九〇歳の年、スペイン内戦勃発から八〇年の年の初めに

細田晴子

参考文献

邦文文献

荒このみ『マルコムX――人権への闘い』岩波新書、二〇〇九年
池上英子『名誉と順応――サムライ精神の歴史社会学』（森本醇訳）NTT出版、二〇〇〇年
伊高浩昭『キューバ変貌』三省堂、一九九九年
伊高浩昭『チェ・ゲバラ――旅、キューバ革命、ボリビア』中公新書、二〇一五年
伊藤千尋『反米大陸――中南米がアメリカにつきつけるNO！』集英社新書、二〇〇七年
ファーナ・カストロ『カストロ家の真実――CIAに協力した妹が語るフィデルとラウール』（伊高浩昭訳）中央公論新社、二〇一二年
フィデル・カストロ『少年フィデル』（柳原孝敦監訳）トランスワールドジャパン、二〇〇七年
フィデル・カストロ『フィデル・カストロ自伝――勝利のための戦略』（山岡加奈子・田中高・工藤多香子・富田君子訳）明石書店、二〇一二年
トッド・ギトリン『60年代アメリカ――希望と怒りの日々』（疋田三良・向井俊二訳）彩流社、一九九三年
工藤多香子「社会主義国キューバで発せられる「黒人」の声――ラップ、人種差別、そして革命」羽田功編『民族の表象――歴史・メディア・国家』慶應義塾大学出版会、二〇〇六年
チェ・ゲバラ『新訳 ゲリラ戦争――キューバ革命軍の戦略・戦術』（甲斐美都里訳）中公文庫、二〇〇八年
小池康弘編『現代中米・カリブを読む――政治・経済・国際関係』山川出版社、二〇〇八年
レイセスター・コルトマン『カストロ』（岡部広治監訳）大月書店、二〇〇五年
後藤政子・樋口聡編著『キューバを知るための52章』明石書店、二〇〇二年

後藤政子編訳『カストロ　革命を語る』同文舘出版、一九九六年
ロバート・L・ジェンキンズ編著『マルコムX事典』（荒このみ訳）雄松堂出版、二〇〇八年
芝紘子『地中海世界の〈名誉〉観念――スペイン文化の一断章』岩波書店、二〇一〇年
島田謹二『アメリカにおける秋山真之――明治期日本人の一肖像』朝日新聞社、一九六九年
清水透『ラテンアメリカ　歴史のトルソー』立教大学ラテンアメリカ研究所、二〇一五年
田中三郎『フィデル・カストロ――世界の無限の悲惨を背負う人』同時代社、二〇〇五年
田中三郎『フィデル・カストロの「思索」――人類の経験を背負う人』同時代社、二〇一一年
田中高「日本・キューバ貿易と米国の対日政策――一九六〇年代、キューバ糖貿易をめぐる三カ国の外交姿勢とナショナリズム」『国際政治』第一七〇号、二〇一二年
エマニュエル・トッド『新ヨーロッパ大全I』（石崎晴己・東松秀雄訳）藤原書店、一九九二年
中塚次郎「近現代のガリシア」関哲行・立石博高・中塚次郎編『スペイン史　2』山川出版社
西林万寿夫『したたかな国キューバ――シジョンは揺れても倒れない』アーバン・コネクションズ、二〇一三年
バルトロメ・ベナサール『スペイン人――16―19世紀の行動と心性』（宮前安子訳）、彩流社、二〇〇三年
細田晴子「スペイン・フランコ政権下における対キューバ貿易政策（一九五九～七五年）」『ラテンアメリカ研究年報』三〇号、二〇一〇年
細田晴子『戦後スペインと国際安全保障――米西関係に見るミドルパワー外交の可能性と限界』千倉書房、二〇一二年
細田晴子「スペイン内戦・冷戦・民主化」益田実・池田亮・青野利彦・齋藤嘉臣編著『冷戦史を問いなおす』ミネルヴァ書房、二〇一五年
ハーバート・マシューズ『フィデル・カストロ――反乱と革命の創造力』（加茂雄三訳）紀伊国屋書店、一九七一年
松本佐保『バチカン近現代史――ローマ教皇たちの「近代」との格闘』中公新書、二〇一三年
山岡加奈子編『岐路に立つキューバ』岩波書店、二〇一二年
油井大三郎編『越境する一九六〇年代――米国・日本・西欧の国際比較』彩流社、二〇一二年

ブライアン・ラテル『フィデル・カストロ後のキューバ――カストロ兄弟の確執と〈ラウル政権〉の戦略』（伊高浩昭訳）作品社、二〇〇六年
イグナシオ・ラモネ『フィデル・カストロ――みずから語る革命家人生（上・下）』（伊高浩昭訳）岩波書店、二〇一一年
フロレンティーノ・ロダオ『フランコと大日本帝国』（深澤安博・八嶋由香利・深澤晴奈・渡邊千秋・砂山充子・磯山久美子訳）晶文社、二〇一二年

史料館等

Alberto Recarte（元在キューバ・スペイン大使館商務担当官）インタビュー
Archivo Central del Ministerio de Comercio, Industria y Turismo
Archivo General del Ministerio de Asuntos Exteriores
Archivo General de la Administración
Central Intelligence Agency Library
Columbia University Rare Book & Manuscript Library
David M.Rubenstein Rare Book and Manuscript Library and University Archives (Duke University)
Declassified Documents Reference System, Gale Cengage Learning
Digital National Security Archive
Dwight D.Eisenhower Presidential Library (Oral Histories, Vernon Walters)
Embassy of the United States in Japan
Fundación Eduardo Barreiros
Fundación Nacional Francisco Franco
Gerald R.Ford Presidential Library
Instituto Nacional de Estadística

Jimmy Carter Presidential Library
John F.Kennedy Presidential Library
LBJ Presidential Library
Ministerio de Relaciones Exteriores de Cuba
National Archives, Access to Archival Databases, http://aad.archives.gov
National Archives and Records Administration
Organización de Estados Iberoamericanos
RAND Corporation
Real Academia de la Historia
Richard Nixon Presidential Library
Ronald Reagan Presidential Library
University of Miami（Tad Szulc Collection of Interview Transcripts）
Woodrow Wilson International Center for Scholars（Latin American Program）

新聞・雑誌

ABC（Spain）
Aleteia（Vatican etc.）
Caliban（Cuba）
El Confidencial（Spain）
El Faro（El Salvador）
El Mundo（Spain）
El Nuevo Heraldo（US: Miami）
El País（Spain）

El Siglo de Europa (Spain)
Foreign Policy (US)
Granma (Cuba)
Juventud Rebelde (Cuba)
Martinoticias (US)
Newsweek (US)
La Vanguardia (Spain)
LIFE (US)
L'Osservatore Romano (Vatican)
The New York Times (US)
The Telegraph (UK)

欧文文献

Adela Alija, *Acción exterior y prensa escrita. El control de la imagen de España en Cuba en la década de los cincuenta* (Santander: X Congreso de la Asociación española de Historia contemporánea, 2010).

Marcos A. Alvarez, *Ernesto Che Guevara: A Mythical Revolutionary or a Historical Fraud: His Revolutionary Life* (Xlibris, 2013).

Miguel Ángel Alvelo Céspedes, *Manuel Fraga "un gallego cubano", Fidel Castro "un cubano gallego"* (Madrid: Éride, 2013).

Francesc Bayo, "Las relaciones políticas entre España y Cuba. Continuidad histórica y ajustes frecuentes," *Documentos CIDOB América Latina*, Núm. 16 (2006).

Frei Betto, *Fidel y la Religión: conversaciones con Frei Betto* (La Habana: Oficina de Publicaciones del Consejo de Estado, 1985).

Philip W. Bonsal, *Cuba, Castro, and the United States* (Pittsburgh: University of Pittsburgh Press, 1971).

Santiago Botello y Mauricio Angulo, *Conexión Habana: una peligrosa infiltración en las mafias cubanas* (Madrid: Temas de Hoy, 2005).

Antonio Cañellas Mas, *Alfredo Sánchez Bella: Un embajador entre las Américas y Europa: Diplomacia y política informativa en la España de Franco (1936–1973)* (Gijón: Ediciones Trea, 2015).

Lorenzo Delgado Gómez-Escalonilla, *Imperio de papel: Acción cultural y política exterior durante el primer franquismo* (Madrid: Consejo Superior de Investigaciones Científicas (CSIC), 1992).

Lorenzo Delgado Gómez-Escalonilla, 'Objetivo: atraer a las élites. Los líderes de la vida pública y la política exterior norteamericana en España,' in Antonio Niño y José Antonio Montero (eds.), *Guerra Fría y propaganda: Estados Unidos y su cruzada cultural en Europa y América Latina* (Madrid: Biblioteca Nueva, 2012).

Anthony De Palma, *The Man Who Invented Fidel: Cuba, Castro and Herbert L. Matthews of the New York Times* (New York: Public Affairs, 2006).

Daniel Dockterman, "Hispanics of Cuban Origin in the United States, 2009," *Statistical Profile* (Washington, D.C.: Pew Research Center, 2011).

Jorge Domingo Cuadriello, *El exilio republicano español en Cuba* (Madrid: Siglo XXI, 2009).

Jorge Domínguez, y Susanne Gratius, "Foro España-Cuba: La política española ante la Cuba del futuro", *Informe de Actividad, FRIDE* (Marzo-octubre 2006).

Matilde Eiroa San Francisco, *Política internacional y comunicación en España (1939–1975), Las cumbres de Franco con Jefes de Estado* (Madrid: Biblioteca Diplomática Española, 2009).

Gabriel Elorriaga Fernández, *Fraga y el eje de la transición* (Madrid: Congreso de los Diputados, 2014).

Francisco Franco Salgado-Araujo, *Mis conversaciones privadas con Franco* (Barcelona: Planeta, 1976).

Juan Pablo Fusi, *Franco: A Biography* (New York: Harper and Row, 1987).

Antonio Garrigues Díaz-Cañabate, *Diálogos conmigo mismo* (Barcelona: Planeta, 1978).

Georgie Anne Geyer, *Guerrilla Prince: the untold story of Fidel Castro* (Kansas City: Andrews and McMeel, 1993).

Piero Gleijeses, *Conflicting Missions: Havana, Washington, and Africa, 1959–1976* (Chapel Hill and London: The University of North Carolina Press, 2002).

Piero Gleijeses, "Cuba and the Cold War, 1959–1980" in Melvyn P. Leffler and Odd Arne Westad (eds.), *The Cambridge History of the Cold War Volume II: Crises and Détente* (Cambridge: Cambridge University Press, 2010).

Marino Gómez-Santos, *Eduardo Barreiros. De la España de Franco a la Cuba de Fidel* (Madrid: Biblioteca Nueva, 2006).

Isidro González García, *Relaciones España-Israel y el conflict del Oriente Medio* (Madrid: Biblioteca Nueva, 2001).

Katherine A. Gordy, *Living Ideology in Cuba: Socialism in Principle and Practice* (Ann Arbor: University of Michigan Press, 2015).

Van Gosse, *Where the Boys are: Cuba, Cold War and the Making of a New Left* (London: Verso, 1993).

Hosoda Haruko, "The Franco regime's contradiction: Its foreign policy toward Cuba", *Waseda Global Forum*, No. 5, (2008).

Hosoda Haruko "The Franco regime's influence on Cuba (1959–75)", *International Journal of Cuban Studies*, London Metropolitan University, vol. 2, n. 1–2 (2010).

George Lambie, "Franco's Spain and the Cuban Revolution," in Alistair Michael Hennessy and George Lambie (eds.), *The Fractured Blockade: West European-Cuban Relations During the Revolution* (London: Macmillan Press, 1993).

William LeoGrande and Peter Kornbluh, *Back Channel to Cuba: The Hidden History of Negotiations between Washington and Havana* (Chapell Hill: The University of North Carolina Press, 2014).

Christine Lohmeier, *Cuban Americans and the Miami Media* (Jefferson: McFarland, 2014).

Marita Lorenz, *Yo fui la espía que amó al Comandante* (Barcelona: Ediciones Península, 2015).

Salvador de Madariaga, *Ingleses, franceses, españoles* (México D.F.: Editorial Hermes, 1951).

Jay Mallin (ed.), *Strategy for Conquest: Communist Documents on Guerrilla Warfare* (Coral Gables: University of Miami Press, 1970).

Rosemary Mealy, *Fidel and Malcom X: Memories of a Meeting* (Melbourne: Ocean Press, 1993).

Manuel Monreal, *Bayo, España y la libertad* (Habana: Bayo Libros, 1961).

Robin D. Moore, *Nationalizing Blackness. Afrocubanismo and Artistic Revolution in Havana, 1920-1940* (Pittsburgh: University of Pittsburgh Press, 1997).

Robin D. Moore, *Music and Revolution: Cultural Change in Socialist Cuba* (Berkeley and Los Angeles: University of California Press, 2006).

Étienne Moralès, Les communications aériennes entre l'Espagne et Cuba à l'épreuve de la crise des missiles (octobre 1962-février 1963), *Relacions Internationales*, 2014/3 (n° 158).

Morris H. Morley, *Imperial State and Revolution. The United States and Cuba, 1952-1986* (New York: Cambridge University Press, 1987).

Consuelo Naranjo Orovio, *Cuba, otro escenario de lucha: La guerra civil y el exilio republicano español* (Madrid: CSIC, 1988).

Antonio Niño, 'Los dilemas de la propaganda americana en la España franquista,' in Niño et al., op. cit.

Javier Noya, *Los españoles ante un mundo en cambio. Visiones del exterior* (Madrid: Tecnos, 2013).

José Javier Olivas Osuna, *Iberian Military Politics: Controlling the Armed Forces during Dictatorship and Democratization* (New York: Palgrave Macmillan, 2014).

José Miguel Ortí Bordás, *La Transición desde dentro* (Barcelona: Planeta, 2005).

Luis Palacios Bañuelos, *Franco-Mao 1973: Las relaciones entre España y China* (Astorga: CSED, 2013).

Gustavo Palomares, "La política exterior de España con Iberoamérica (2008-2012)", in César Colino y Ramón Cotarelo (compliladores), *España en crisis: balance de la segunda legislatura de Rodríguez Zapatero* (Valencia: Tirant Humanidades, 2012).

Manuel de Paz Sánchez, *Zona rebelde: La diplomacia española ante la revolución cubana (1957-1960)* (Tenerife: Centro de la Cultura Popular Canaria, 1997).

Manuel de Paz Sánchez, *Zona de Guerra: España y la revolución cubana (1960-1962)* (Tenerife: Centro de la Cultura Popular Canaria, 2001).

Manuel de Paz Sánchez, *Franco y Cuba: Estudios sobre España y la Revolución* (Santa Cruz de Tenerife: Idea Global, 2006).

Manuel Penella Heller, *Manuel Fraga Iribarne y su tiempo* (Barcelona: Planeta, 2009).

Gustavo Pérez Firmat, *El año que viene estamos en Cuba* (Houston: Arte Público Press, 1997).

Paul Preston, *Franco: Caudillo de España* (Barcelona: Grijalbo, 2002).

Joseph Progler, "American Broadcasting to Cuba: The Cold War Origins of Radio and TV MARTI," *Ritsumeikan International Affairs*, Vol. 10 (2011).

Xavier Pujadas (coord.), *Atletas y ciudadanos. Historia social del deporte en España 1870-2010* (Madrid: Alianza Editorial, 2011).

Ignacio Ramonet, *Fidel Castro: Biografía a dos voces* (Barcelona: Debate, 2006).

Marcos Antonio Ramos, *La Cuba de Castro y después...* (Nashville: Grupo Nelson, 2007).

Alberto Recarte, *Cuba: economía y poder (1959-1980)* (Madrid: Alianza Universidad, 1980).

Raanan Rein, *Franco, Israel y los judíos* (Madrid: CSIC, 1996).

Raanan Rein, "Diplomacy, Propaganda, and Humanitarian Gestures: Francoist Spain and Egyptian Jews, 1956-1968," *Iberoamericana* 23 (2006).

Victoria Eli Rodríguez, *La música entre Cuba y España. Ttradición e innovación* (Madrid: Fundación Autor, 1999).

Joaquín Roy, *La siempre fiel: Un siglo de relaciones hispanocubanas (1898-1998)* (Madrid: Los Libros de la Catarata, 1998).

Joaquín Roy, *The Cuban Revolution (1959-2009): Relations with Spain, the European Union, and the United States*

(New York: Palgrave Macmillan, 2009).
Javier Rupérez, *España en la OTAN. Relato Parcial* (Barcelona: Plaza y Janés, 1986).
Roberto Simeón, *El proceso político cubano y su relación con el exterior* (Brenes: Muñoz Moya Editores, 2002).
Earl E.T. Smith, *The Fourth Floor* (New York: Random House, 1962).
Luis Suárez Fernández, *Franco* (Barcelona: Ariel, 2005).
Luis Suárez Fernández, Franco y la Iglesia: las relaciones con el Vaticano (Madrid: Homo Legens, 2011).
Tad Szulc, *Fidel. Un retrato crítico* (Barcelona: Grijalbo, 1987).
Robert Taber, *M-26: The Biography of a Revolution* (New York: Lyle Stuart, 1961).
Hugh Thomas, *Historia contemporánea de Cuba: de Batista a nuestros días* (Barcelona: Grijalbo, 1982).
Hugh Thomas, *Barreiros. El motor de España* (Barcelona: Planeta, 2007).
José Ignacio Torreblanca, "La insoportable levedad de la política europea de España (2008-2011)," in César Colino et al., op. cit.
United States Senate, "Communist threat to the United States through the Caribbean", *Hearings before the Subcommittee to Investigate the Administration of the Internal Security Act and Other Internal Security Laws of the Committee on the Judiciary, United States Senate Eighty-Sixth Congress Second Session Part 9 August 27, 30, 1960* (Washington: US GPO, 1960).
Ignacio Uría, *Iglesia y revolución en Cuba. Enrique Pérez Serantes (1883-1968), el obispo que salvó a Fidel Castro* (Madrid: Encuentro, 2011).
José Antonio Vidal Rodríguez, *La emigración gallega a Cuba: trayectos migratorios, inserción y movilidad laboral, 1898-1968* (Madrid: Biblioteca de historia de América, 2005).
Vernon A.Walters, *Silent Missions* (New York, Doubleday and Company, 1978).
Vernon A. Walters, *The Mighty and the Meek: Dispatches from the Front Line of Diplomacy* (London: St Ermin's Press, 2001).

George Yúdice, *The Expediency of Culture: Uses of Culture in the Global Era* (Durham and London: Duke University Press, 2003).

ちくま新書
1177

カストロとフランコ
――冷戦期《れいせんき》外交《がいこう》の舞《ぶ》台裏《たいうら》

二〇一六年三月一〇日　第一刷発行

著者　細田晴子（ほそだ・はるこ）

発行者　山野浩一
発行所　株式会社 筑摩書房
東京都台東区蔵前二-五-三　郵便番号一一一-八七五五
振替〇〇一六〇-八-四一二三
装幀者　間村俊一
印刷・製本　株式会社 精興社

乱丁・落丁本の場合は、左記宛にご送付ください。
送料小社負担でお取り替えいたします。
ご注文・お問い合わせも左記へお願いいたします。
〒三三一-八五〇七　さいたま市北区櫛引町二-六〇四
筑摩書房サービスセンター　電話〇四八-六五一-〇〇五三

ISBN978-4-480-06886-6 C0231

ちくま新書

1136
昭和史講義
――最新研究で見る戦争への道
筒井清忠編

なぜ昭和の日本は戦争へと向かったのか。複雑きわまる戦前期を正確に理解すべく、俗説を排して信頼できる史料に依拠。第一線の歴史家たちによる最新の研究成果。

1161
皇室一五〇年史
浅見雅男
岩井克己

歴代天皇を悩ませていたのは何だったのか。皇位継承、宮家消滅、結婚トラブル、財政問題――様々な確執やスキャンダルを交え、近現代の皇室の真の姿を描き出す。

888
世界史をつくった海賊
竹田いさみ

スパイス、コーヒー、茶、砂糖、奴隷……歴史の陰には、常に奴らがいた。開拓の英雄であり、略奪者で厄介者でもあった〝国家の暴力装置〟から、世界史を捉えなおす！

932
ヒトラーの側近たち
大澤武男

ナチスの屋台骨である側近たち。ゲーリング、ヘス、ゲッベルス、ヒムラー……。独裁者の支配妄想を実現、ときに強化した彼らは、なぜ、どこで間違ったのか。

935
ソ連史
松戸清裕

二〇世紀に巨大な存在感を持ったソ連。「冷戦の敗者」「全体主義国家」の印象で語られがちなこの国の内実を丁寧にたどり、歴史の中での冷静な位置づけを試みる。

994
やりなおし高校世界史
――考えるための入試問題8問
津野田興一

世界史は暗記科目なんかじゃない！　大学入試を手掛かりに、自分の頭で歴史を読み解けば、現在とのつながりが見えてくる。高校時代、世界史が苦手だった人、必読。

1019
近代中国史
岡本隆司

中国とは何か？　その原理を解く鍵は、近代史に隠されている。グローバル経済の奔流が渦巻きはじめた時代から、激動の歴史を構造的にとらえなおす。

ちくま新書

535
日本の「ミドルパワー」外交
——戦後日本の選択と構想
添谷芳秀
「平和国家」と「大国日本」という二つのイメージに引き裂かれてきた戦後外交をミドルパワー外交と積極的に位置付け直し、日本外交の潜在力を掘り起こす。

594
改憲問題
愛敬浩二
戦後憲法はどう機能してきたか。改正でどんな効果が期待できるのか。改憲論議にはこうした実質を問う視角が欠けている。改憲派の思惑と帰結をクールに斬る一冊!

722
変貌する民主主義
森政稔
民主主義の理想が陳腐なお題目へと堕したのはなぜか。その背景にある現代の思想的変動を解明し、複雑な共存のルールへと変貌する民主主義のリアルな動態を示す。

847
成熟日本への進路
——「成長論」から「分配論」へ
波頭亮
日本は成長期を終え成熟フェーズに入った。旧来の成長モデルの政策も制度ももはや無効であり改革は急務である。国民が真に幸せだと思える国家ビジョンを緊急提言。

882
中国を拒否できない日本
関岡英之
大きな脅威となった中国の経済力と軍事力。そこにはどのような国家戦略が秘められているのか。「超限戦」に対して「汎アジア」構想を提唱する新たな地政学の試み。

905
日本の国境問題
——尖閣・竹島・北方領土
孫崎享
どうしたら、尖閣諸島を守れるか。竹島や北方領土は取り戻せるのか。平和国家・日本の国益に適った安全保障とは何か。国防のための国家戦略が、いまこそ必要だ。

943
政治主導
——官僚制を問いなおす
新藤宗幸
なぜ政治家は官僚に負けるのか。機能麻痺に陥っている行政組織をどうするべきか。政策決定のプロセスから人事システムまで、政官関係の本質を問いなおす!

ちくま新書

945
緑の政治ガイドブック
——公正で持続可能な社会をつくる
デレク・ウォール
白井和宏訳
原発が大事故を起こし、グローバル資本主義が行き詰まった今の日本で、私たちはどのように社会を変えていけばいいのか。巻末に、鎌仲ひとみ×中沢新一の対談を収録。

984
日本の転機
——米中の狭間でどう生き残るか
ロナルド・ドーア
三〇〜四〇年後、米中冷戦の進展によって、世界は大きく変わる。太平洋体制と並行して進展する中東の動きを分析し、徹底したリアリズムで日本の経路を描く。

997
これから世界はどうなるか
——米国衰退と日本
孫崎享
経済・軍事・文化発信で他国を圧倒した米国の凋落が著しい。この歴史的な大転換のなか、世界は新秩序を模索し始めた。日本の平和と繁栄のために進むべき道とは。

1013
世界を動かす海賊
竹田いさみ
海賊の出没ポイントは重要な航路に集中する。資源を海外に頼る日本の死活問題。海自や海保の活躍、国際連携、資源や援助……。国際犯罪の真相を多角的にえぐる。

1016
日中対立
——習近平の中国をよむ
天児慧
大国主義へと突き進む共産党指導部は何を考えているのか？ 内部資料などをもとに、権力構造を細密に分析し、大きな変節点を迎える日中関係を大胆に読み解く。

1031
北朝鮮で何が起きているのか
——金正恩体制の実相
伊豆見元
ミサイル発射、核実験、そして休戦協定白紙化——北朝鮮が挑発を繰り返す裏には、金正恩の深刻な権威不足があった。北朝鮮情勢分析の第一人者による最新の報告。

1033
平和構築入門
——その思想と方法を問いなおす
篠田英朗
平和はいかにしてつくられるものなのか。武力介入や犯罪処罰、開発援助、人命救助など、その実際的手法と背景にある思想をわかりやすく解説する、必読の入門書。

ちくま新書

900
日本人のためのアフリカ入門
白戸圭一
負のイメージで語られることの多いアフリカ。しかし、それらはどこまで本当か？　メディアの在り方を問い直しつつ「新しいアフリカ」を紹介する異色の入門書。

1074
お金で世界が見えてくる！
池上彰
お金はどう使われているか？　お金と世界情勢のつながりとは？　円、ドル、ユーロ……、世界を動かすお金を徹底解説。お金を見れば、世界の動きは一目でわかる！

1078
日本劣化論
笠井潔
白井聡
幼稚化した保守、アメリカと天皇、反知性主義の台頭、左右の迷走、日中衝突の末路……。戦後日本は一体どこまで堕ちていくのか？　安易な議論に与せず徹底討論。

1148
文化立国論
——日本のソフトパワーの底力
青柳正規
グローバル化の時代、いま日本が復活するカギは「文化」にある！　外国と日本を比較しつつ、他にはない日本独特の伝統と活力を融合させるための方法を伝授する。

1057
ヴァティカンの正体
——究極のグローバル・メディア
岩渕潤子
幾多の転換期を生き延びたヴァティカンのメディア戦略を歴史的に俯瞰し、特に宗教改革、対抗宗教改革における生き残り策から、日本が学ぶべきことを検証する。

782
アニメ文化外交
櫻井孝昌
日本のアニメはどのように世界で愛され、憧れの的になっているのかを、現地の声で再現。アニメ文化を外交に活用する意義を論じ、そのための戦略を提示する。

963
ＦＣバルセロナ
西部謙司
史上最強クラブ、ＦＣバルセロナ。圧倒的ボール支配のもと美しい攻防を繰り広げ、勝つべくして勝つ彼らの戦術を徹底解明。この一冊でサッカー観がガラリと変わる。